berliner abc

berliner abc

das private adreßbuch von

paul hindemith

1927 bis1938

Herausgegeben von

Christine Fischer-Defoy

und Susanne Schaal

mit einem Vorwort von

Walter Jens

: TRANSIT

A B C D E F G H IJ K L M N O P Q R S T U V W XYZ

Impressum

berliner abc
das private adreßbuch von paul hindemith

Gneisenaustraße 2, 10961 Berlin

Herausgegeben von Christine Fischer-Defoy
und Susanne Schaal
in Zusammenarbeit mit dem Paul-Hindemith-Institut, Frankfurt
Gestaltung, Reproduktion und Satz: Blank & Reschke, Berlin
Druck und Bindung: Mercedes Druck, Berlin

ISBN 3-88747-148-2

Inhalt

Das ABC ist äusserst wichtig

im Telefonbuch steht es richtig.

Joachim Ringelnatz
Kinderverwirrbuch

Christine Fischer-Defoy ist, wie Paul Hindemith, in Hanau geboren und arbeitet seit 1982 als Historikerin, Autorin und Filmemacherin in Berlin über die Themen Nationalsozialistische Verfolgung, Widerstand und Exil.

Susanne Schaal ist seit 1993 wissenschaftliche Mitarbeiterin im Paul-Hindemith-Institut, Frankfurt/Main. Sie ist unter anderem Mitherausgeberin des Bandes ›Paul Hindemith als Zeichner‹ (Mainz 1995).

Ein Weihnachtsfest in düsterer Umgebung und finsterer Zeit. Die Insassen des Untersuchungsgefängnisses Alt-Moabit haben sich, am 24. Dezember 1933, zur Christfeier eingefunden. Man singt vertraute Lieder aus besseren Tagen, Martin Luthers ›Vom Himmel hoch, da komm ich her‹, dann, ins neunzehnte Jahrhundert hinüberwechselnd, ›Stille Nacht, heilige Nacht!‹ und zum Abschluß, natürlich: ›Oh du fröhliche, o du selige, gnadenbringende Weihnachtszeit‹.

Die Inhaftierten singen ›Christ, der Retter ist da‹: dankbar dafür, daß sie den Geistlichen, grad so als sei alles wie draußen in der Freiheit, unter dem Signum ›Gemeinde‹ akkompagnieren dürfen. Der Pastor spricht das Gebet, nennt die Verheißungen und verkündet den Segen, der Sologesang gilt Liedern von Cornelius und Hugo Wolf: ›Die drei Könige‹, ›Über Nacht‹ und ›Herr, sende was!‹ Dazu Präludium und Orgelschlußspiel.

Alles so wie immer – wären da nicht drei besondere Momente gewesen: zum ersten die finstere Zeit, Nacht über Deutschland, Konzentrationslager und beginnende Hatz auf Juden, Sozialdemokraten, Kommunisten, Friedensfreunde und Republikaner aller *couleur*, zum zweiten der unheilige Ort, keine Herberge mit Krippe, Ochs und Esel um die heilige Familie, sondern eine Art von Kaserne mit Zellen, Pritschen und verschlossenen Türen, zum dritten der Auftritt eines bescheidenen, ein wenig untersetzten Mannes: ›Herr Prof. Hindemith‹, wie's im Programm, einem in Maschinenschrift vervielfältigten Zettel, heißt.

Hindemith, Seit' an Seit' mit einem Sänger H. Winkler und dem Organisten Georg Kempe, dem Hauskantor wahrscheinlich. Viele werden's nicht gewesen sein, im Kreis der Eingekerkerten (der Weg nach Oranienburg-Sachsenhausen war nicht nur für Hans Flesch, Hindemiths Schwager und Freund sehr nah), die sich bewußt waren, daß vor ihnen einer der berühmtesten Bratschisten der Zeit Reger und Bach intonierte – doch eben das, steht zu vermuten, war Paul Hindemith recht. Starkult war ihm verhaßt, er schätzte, ein Leben lang, die stumm konsumierende Gesellschaft in Roben und Fräcken herzlich wenig, wollte Menschen, die mitsingen und sich, dank eigenen Musizierens, ein Urteil bilden konnten.

Kurzum, Paul Hindemith liebte Leute wie die am Heiligen Abend in Moabit versammelten mehr als die *upper ten* von Berlin-W – und er handelte entsprechend. Unvergeßlich die Szene, die sein alter Mitstreiter, Ferdinand Lion, im Februar 1952 in der ›Weltwoche‹ entwarf: ›Im Zug fuhr er lange nur 3. Klasse, um vom Takt der rollenden Räder als basso ostinato seine Kompositionen von unten herauf begleiten zu lassen, er schrieb auf einem großen Brett sämtliche Orchesterstimmen, dabei am allgemeinen Gespräch der Mitreisenden teilnehmend.‹

Nein, *showbusiness*, welcher Art immer, war Hindemith von Grund auf verhaßt, und darum dürfen wir sicher sein, daß das Gefängnisplakat ihn mehr berührte als grelle Anzeigen in den großen Gazetten. Empathie mit einer Gemeinde, die den Namen verdient, ist ihm zwischen Donaueschingen, Berlin und Wien wichtig geblieben: Das Spiel im Untersuchungsgefängnis verweist auf das letzte Werk, die Messe für gemischten Chor *a cappella*.

So betrachtet ist die Zeichnung neben dem Notat ›Untersuchungsgef. Alt Moabit 12a G. B. 4450‹ der ergreifendste Eintrag im Telefon- und Adreßbuch: Da schleppt sich ein einsamer Mann – mit gefesselten Armgelenken und mit Ketten und Kugeln beschwerten Füßen – durch die vergitterte Zelle – einer der vielen, die, wie der von den Machthabern verfolgte Hans Flesch, die Befreiung des Landes vom Nationalsozialismus nicht erleben werden: gequält als Sachwalter der Republik, inhaftiert und verschollen.

Die Skizze, entworfen von einem unbestechlichen Mann, benennt kommendes Unheil, das nicht nur ihn und sein Land, sondern – wie bald! – den gesamten Kontinent ergreifen wird. Sieht man genauer hin, dann gewahrt man in manchen Notaten den ›anderen‹ Hindemith: einen Mann, der wußte, was Melancholie ist – ein wichtiges Thema in seinem Werk – und erkennt Züge des *homo religiosus*, dem aus gutem Grund die Hedwigskirche und ihr geistliches Personal einfällt. (Der Tag wird kommen, einmal, an dem Hindemith dem Reformpapst begegnet: Johannes XXIII. – auch er ein Sohn des Volks, begabt mit Hindemith'schem Witz – ist an die Stelle des ehemaligen Berliner Nuntius Pacelli getreten.)

Pardon, hätte Hindemith an dieser Stelle (in der ihm eigenen hessischen Intonation) gesagt, *ich muß doch sehr bitten, mein Adreßbuch ist keine Heiligenlegende und schon gar keine Bibel.* Der Einwand ist richtig – sofern die nicht nur aufs Spätwerk, sondern auch auf frühe Kompositionen bezogene Definition ›ein religiöser Mensch‹ stehen bleibt – einer also, der's eher mit Matthias Grünewald und dem heiligen Franziskus als mit den Figuren jener ›Mahagonny‹-Welt hält, in die Brecht, enttäuscht vom scheinbar unpolitischen Hindemith, der, mit Bloch zu reden, wenn nicht Bürger, so doch bestenfalls ›sozialdemokratisches Urgestein‹ bliebe, seinem Mr. Ackermann den ursprünglich nicht für ihn vorgesehenen Vornamen ›Paul‹ gab.

Hindemith wird's nicht anders als die Bloch'sche Etikettierung (die immerhin einen Grad von Hochachtung enthält: ein Sozi zwar, aber trotzdem ein Kerl von altem Schrot und Korn, der Paul) zum Übrigen gelegt haben. Parteipolitik war nicht seine Sache, wohl aber, allgemeiner, das Engagement auf seiten der Mühseligen und Beladenen, denen eine von aller Machtgängelung und ideologischen Bevormundung befreite Musik zu dienen habe.

Immer noch zu feierlich? Auch die Bezeichnung Lions (ein *altdeutscher Pädagog* sei, ungeachtet aller Neuerungslust auf dem Gebiet der Technik und der mechanisch-kühnen Instrumentalisierung, Hindemith gewesen) – zu pathetisch? Klemperers Elogen (›Als Hindemith Anfang der zwanziger Jahre auf der Bildfläche erschien, seine ersten Quartette und so weiter, das war famos. Frische Luft und kein Pathos mehr.‹): schon besser, am allerbesten aber die knurrenden ›Bravi‹ der Marxisten, Dessaus und sogar Eislers, die, nicht anders als im Fall Schönberg, immerhin konstatieren mußten: ›Der Kerl ist ein großer Komponist. Man muß ja nicht alle großen Komponisten lieben.‹

Hindemith konnte ein Leben lang zustimmen, wenn Leistung beurteilt wurde und keine Gesinnung. ›Der Herr‹ (wie er sich in

Briefen an seine Frau zu nennen pflegte) war zum ersten unfeierlich und zum zweiten professionell von Kopf bis Fuß. ›Genie‹, ein Wort, das er für eine Vokabel von Kleinmeistern hielt, die nichts zu beißen hatten.

Der Verfasser des Berliner ABC, in diesem Punkt dem Freund-Feind Brecht seelenverwandt, liebte Menschen, die etwas von ihrem Handwerk verstanden, Sportler vor allem, Schwimmer, Leichtathleten und Boxer, Geschäftsleute, die erste Ware lieferten, erfahrene Ärzte und intelligente Fahrlehrer. (›Heute morgen‹, so der angehende Automobilist anno 1929, ›habe ich wieder meinen täglichen Alexanderplatz absolviert, mit erschwerenden Fahrten durch den Markthallentrubel der Lindenstraße. Es ging alles ohne nennenswerten Fehler, ich bin so gewandt gefahren und selbst der gestrenge Herr Hölzer war gnädig.‹)

Sportive Gesinnung, wahre Professionalität – darauf, dies zeigen exemplarisch viele Adreßbucheintragungen, kam's Hindemith an. Ein Gespräch à la Lukian über Meisterschaft auf unterschiedlichen Gebieten, geführt von Brecht, Weill und Hindemith: Welch eine Diskussion wäre das – und der Herr aus Hanau alleweil voran – ganz im Stil seines Briefes an Frau Gertrud vom 1. Juli 1929, in dem davon die Rede ist, daß man einen Mann, der zwar als Boxer etwas tauge, aber auf dem Gebiet der Oper ein Ignorant sei, einen rechten ›rechten Haken auf den Backen gegeben‹ habe, ›was ihn veranlaßte, sein Auge einige Minuten tränen zu lassen.‹ Ein Triumph, dank einer perfekten *metabasis eis allo genos*, will heißen, eines eleganten Wechsels von einer Gattung zur anderen? Mitnichten. Hindemith war ein Freund der Selbstbescheidung (›Das Publikum hielt sich ganz tapfer‹, statt: ›Ich war gut‹) und also fuhr er fort: ›Dann bekam ich einen linken Graden auf die Schnauze (mein Fehler: ich halte den Kopf zu hoch) und habe jetzt eine innen etwas geschwollene Oberlippe.‹

Ein rhetorisches Meisterstück, vorexerziert von einem Sprachmeister, dem unter den Komponisten dieses Jahrhunderts kein anderer gleichkommt. Zuerst die These: Mein rechter Haken war gekonnt. Dann die Antithese: Ich bin blessiert. Schließlich die Synthese: Das

Leben geht weiter. Ich bin wieder obenauf: ›Wir haben heute sehr schön gekämpft. Herr Lutze kam als ich am Ball arbeitete und war über meine Fortschritte sehr erstaunt.‹

Paul Hindemith: Ein Mann mit zwei Gesichtern – demütig und lustig, bescheiden und sehr entschieden zugleich. Dabei als Schriftsteller nie langweilig, sondern fähig, zu immer neuen Variationen im Stil: salopp, keck, ironisch, magistral (aber mit Respekt vor den Schülern), kenntnisreich (Wieviel Geld bekommt man für ausgediente Schnelltriebwagen einer Modelleisenbahn, wenn man das Land zu verlassen gedenkt?), alleweil auf der Höhe der Situation und, da er das Handwerk mit selbstverständlicher Vollkommenheit beherrschte, also gewiß nicht um eine Antwort verlegen, wenn der Leser, gestützt auf das Adreßbuch und geleitet durch eine kundige, auch in abgelegenen Lokalitäten nicht in die Irre gehende Ciceronin, Christine Fischer-Defoy, ihm Fragen stellend, durch die Straßen Berlins folgt, einmal mitten in die City, die Hindemith faszinierte und ein anderes Mal hinaus ins Grüne, wo er sich zuhause fühlte: für ein paar Jahre ein Berliner, wie's Albert Einstein in Caputh war.

Daß es nicht dauern konnte, das freundlich-dialektische Wechselspiel zwischen drinnen und draußen, der Metropole und der Mark ringsum, hat Hindemith spätestens in dem Augenblick gewußt, als er neben die Adresse *Deutsches Theater* einen Zettel zeichnete, auf dem das Programm des Hauses unter der neuen Herrschaft zu lesen ist: Darbietungen, die mit den Nummern begannen ›*Heute Fackelzug. Morgen Judenhetze*‹

Nein, die Sachwalter einer agitatorisch geprägten Kunst haben, dies zeigen die Skizzen zur Eintragung *Deutsches Theater* und *Untersuchungsgefängnis Alt-Moabit* weiß Gott nicht recht gehabt mit der Behauptung, Paul Hindemith sei ein Mann, der fern von allem Politischen lebte. Richtig ist vielmehr, daß sein unbedingtes Bestehen auf der Freiheit der Kunst ihn gerade auch in *politicis* hellsichtig machte: unter kleinen und großen Leuten, mitten in jenem Berliner Alltag seiner Zeit, der in der Zeichen-Schrift von Hindemiths Adreß- und Telefonbuch Anschaulichkeit gewinnt.

Hier liegt ein *libellum* vor, das, recht benutzt und durch die Lektüre der Briefe erweitert, den Charakter eines wundersamen General-Schlüssels hat.

Walter Jens

Tout Berlin – eine Spurensuche in Paul Hindemiths Berliner Milieu

Paul Hindemith hätte sich köstlich amüsiert: Als sein 100. Geburtstag am 16. November 1995 näherrückte, beschloß der Bezirk Charlottenburg, den Komponisten durch eine Gedenktafel an seinem Wohnhaus am Sachsenplatz 1 (heute: Brix-Platz) zu ehren, wo er von 1928 bis zu seiner Emigration 1938 zusammen mit seiner Frau Gertrud gelebt hatte – allein: dort gab es bereits seit Dezember 1968 eine Gedenktafel, auf hellem Stein steht dort in schwarzer Schrift – in Kleinbuchstaben – : ›in diesem hause / wohnte / paul hindemith / 1928-1938‹. Enttäuscht über ihr bereits 27 Jahre zuvor erfülltes Vorhaben, benannten die Stadtväter und -mütter dann eiligst 1995 eine größere Verkehrsinsel in Wilmersdorf zum ›Paul-Hindemith-Platz‹ – eine Berliner Form der Ehrung, die der Komponist mit dem Maler und Zeichner George Grosz teilt (- ihm wurde 1993 zu seinem 100. Geburtstag eine ähnliche Verkehrsinsel am Kurfürstendamm gewidmet). Fragt sich nur: was hat dieser Platz, was hat der Bezirk Wilmersdorf mit Paul Hindemith zu tun?

Durchblättert man Hindemiths Telefon- und Adreßbuch, so findet man schnell heraus, daß er fest in seinem Milieu, dem Charlottenburger Stadtteil Westend, verwurzelt war. Die Spurensuche führte immer wieder zur Doppelseite 76/77 im Berliner ›Falk‹-Straßenatlas: der überwiegende Teil der bei Hindemith verzeichneten Adressen findet sich hier: in der unmittelbaren Umgebung, zwischen Sachsenplatz und Reichskanzler-Platz (heute: Theodor-Heuss-Platz), und von hier aus in Richtung der West-Berliner Stadtmitte – oder besser gesagt: zum Innersten Charlottenburgs, den Straßen um den Steinplatz – dort unterrichtete er seit 1927 an der Berliner Musikhochschule – bis hinüber über den Kurfürstendamm nach Wilmersdorf. In diesem so umrissenen Quartier lebte in den zwanziger Jahren ein erheblicher Teil von *tout Berlin*.

Hindemiths 100. Geburtstag: Walter Jens und ich saßen – Büro an Büro in der Berliner Akademie der Künste – an unseren jeweiligen ›Festvorträgen‹ zur Ehrung des Komponisten, Walter Jens für den offiziellen Staatsakt in der Berliner Philharmonie, ich für einen Vortrag in kleinem Rahmen in Hindemiths – und meiner – Geburtsstadt Hanau. Von Schreibtisch zu Schreibtisch tauschten wir unsere Ideen aus und verglichen unsere Fundstücke aus den verschiedenen Archiven. Eines Tages brachte er einige Fotokopien aus dem Paul-Hindemith-Institut in Frankfurt mit: vier Seiten aus Hindemiths Berliner Telefonverzeichnis. Ich erinnere mich an die unverkennbare Zeichnung Furtwänglers, an das Deutsche Theater mit dem Zusatz ›PROGRAMM / HEUTE ZERSETZUNG / MORGEN JUDENHETZE / GESTERN WAHLEN / ÜBERMORGEN AUFMARSCH‹, an den Geigenbogen mit Hakenkreuz bei Gustav Havemann, und an den Häftling mit der großen Eisenkugel am Bein zum Eintrag Untersuchungsgefängnis Alt-Moabit. Da es auch im Frankfurter Paul-Hindemith-Institut seit langem Überlegungen gab, diese *trouvaille* zu veröffentlichen, hat Walter Jens dies dann am Schluß seines Vortrages 1995 in Berlin bereits angekündigt: ›Wir sollten es publizieren, in dieser Stadt‹.

Nun, vier Jahre später, ist dieser Traum Wirklichkeit geworden. Tübinger Esprit, Frankfurter Sachverstand aus dem Paul-Hindemith-Institut und lokalgeschichtlicher Spürsinn aus Berlin haben sich verbündet, um möglichst viele der Rätsel zu lösen, die dieses unscheinbare Büchlein uns aufgibt: Eine kleine ›Kladde‹ von 12 mal 18 Zentimetern, in rotes Leinen eingebunden und mit grün-marmoriertem Vorsatzpapier versehen, die doch den Kosmos der deutschen Musikkultur – und der Kulturpolitik – in der ersten Hälfte des 20. Jahrhunderts in sich birgt, mit all seinen glanzvollen Höhen und furchtbaren Tiefen, schonungslos geordnet nach dem Alphabet.

Anhand der Berliner Telefon- und Adreßbücher aus den Jahren 1926 bis 1939, die sich in verschiedenen Archiven fanden, ließ sich zwar nach und nach ein großer Teil der bei Hindemith angegebenen Nummern den dazugehörigen Personen zuordnen, und häufig fand sich dabei dann auch noch eine Berufsbezeichnung. Kompliziert wurde die Recherche jedoch schon allein dadurch, daß sich im Verlaufe von Hindemiths Berliner Jahren die Systematik der Telefonnummern in Berlin mehrfach änderte: wurden Ende der zwanziger Jahre Bezirksbezeichnungen, wie etwa ›Westend‹ oder ›Steinplatz‹ mit vierstelligen Ziffern kombiniert, so trat 1934 anstelle der Bezirksnamen eine Numerierung, ›Westend‹ hieß nun ›J3‹, dann folgte die vierstellige Anschlußnummer. Und 1937, ein Jahr vor Hindemiths Emigration, wurde das System erneut umgestellt, nun auf sechsstellige Nummern, wobei die ersten beiden Zahlen wiederum den Telefonbezirken zugeordnet waren, Westend erhielt nun die Zahl ›93‹. Diese Tatsache, die erst einmal die Recherchen erschwerte, lieferte jedoch zugleich die Lösung einer Frage: danach sind die von Hindemiths vorgenommenen Streichungen im Verzeichnis zum Teil schlicht dadurch zu erklären, daß die dort enthaltene Nummer nicht mehr galt. Nicht immer dokumentiert eine Streichung, wie etwa bei Erich Moritz Hornbostel, einen Weg ins Exil – er ist einige Seiten später mit seiner New Yorker Adresse eingetragen. Hindemith selbst stand übrigens nicht im Berliner Telefonbuch: er hatte offensichtlich einen geheimen Anschluß unter der Nummer J9 Heerstraße 2268.

Was aber ist mit all denen, die zur Untermiete wohnten, damals eine nicht nur unter Studenten verbreitete Wohnform? Hier halfen, soweit es sich tatsächlich um Lehrende oder Studenten der Berliner Musikhochschule handelte, die vorhandenen Personalakten und die dicken ledergebundenen Folianten der Immatrikulationsverzeichnisse weiter.

Aber dann gab es noch all diejenigen, die häufig umgezogen sind, sei es zunächst aus ökonomischen Gründen, zum Beispiel, um in dem Semesterferien die Miete zu sparen, sei es, weil aufgrund der antisemitischen Verfolgung den Juden in Berlin der Wohnraum und damit das Lebensrecht in bestimmten – nun ›judenfreien‹ – Stadtbezirken zunehmend entzogen wurde. So ist anzunehmen, daß die letzte Adresse im ›Berliner Gedenkbuch‹, das auf Grundlage der Deportationslisten erstellt wurde, häufig nur eine vorübergehende – letzte – Zuflucht gewesen war, die diese Menschen aus den ›besseren‹ Wohnquartieren, und dazu gehörten Charlottenburg und Wilmersdorf, dann etwa nach Schöneberg geführt hatte. Einige Fragen mußten daher offen bleiben. Immerhin gab das 1994 publizierte ›Jüdische Adreßbuch von Groß-Berlin‹ aus dem Jahre 1931 zumindest erste Hinweise auf diejenigen, deren jüdisches Selbstverständnis sich im Eintrag dort niederschlug – nur wenige aus Hindemiths Adreßbuch sind es, die sich 1931 öffentlich dazu bekannten. Von den Musikerkollegen, die ab 1933 als ›jüdisch‹ oder ›nichtarisch‹ galten, sind nur Erich Moritz Hornbostel und Leo Kestenberg darunter.

Bei einigen der Namen führten die Zeichnungen Hindemiths auf eine Spur: heißt es im Verzeichnis ›Dr. Kopp‹ oder ›Dr. Kapp‹? Die gezeichnete Schiebermütze – auf frankfurterisch ›e Kapp‹ – am Papierrand führte zu dem Musikschriftsteller Dr. Julius Kapp, damals Dramaturg an der Berliner Staatsoper. Und die Kuh neben dem Eintrag Armhold-Domscheid entschlüsselte Paul Hindemith selbst: ›Die Kuh Armhold tauchte auch auf und wurde im Anschluß an die Probe vom Sir Henry auf englischen Text dressiert‹, schrieb Hindemith am 20. März 1933 aus London an seine Frau. Die Konzertsängerin Adelheid Armhold sang 1933 die Sopranpartie in der Londoner Erstaufführung von Hindemiths Oratorium *Das Unaufhörliche* (Text: Gottfried Benn). Manches Mal führten die Zeichnungen jedoch zunächst in die Irre: so suchte ich vergeblich nach dem Namen Kikoler unter den Berliner Fußpflegesalons – Hindemith hatte einen Fuß mit großer Blase dazu gezeichnet. Der Architekt Max Kikoler gehörte offensichtlich zu Hindemiths Wanderfreunden. Und beim Eintrag ›Bolten‹ verwies die von mir als Maßband gedeutete Vignette nicht auf einen weiteren Maßschneider. Es ist eine Filmrolle, denn die Firma ›Bolten & Baeckers‹ handelte mit ›Lignosefilm‹, der bei den Film-Experimenten Verwendung fand, die Hindemith an der Berliner Musikhochschule zusammen mit Hans Richter, einem Pionier des abstrakten Films, durchführte. Doch es blieben noch immer einige Rätsel übrig, die weder in den Adreß- und den Telefonbüchern noch im Branchenbuch zu lösen waren: ›Frl. Wegner‹, ›Muschi‹, der ›Sal. Grete‹ werden wohl nur durch Zufall noch zu entschlüsseln sein – oder sollten wir dem Ehepaar Hindemith nicht auch einige Geheimnisse zugestehen?

Die Einträge lassen sich unter verschiedene Rubriken ordnen: Da sind zum ersten die Namen und Adressen der unmittelbaren räumlichen Umgebung: Nachbarn vom Sachsenplatz, Geschäfte an der Reichsstraße, die Garage für den ›Adler-Wagen‹, Kneipen und Restaurants, die es zum Teil noch gibt – wie die legendäre ›Westend-Klause‹ am Steubenplatz, deren frühere Besitzerin bis heute im Nachbarhaus wohnt. Die Einkaufsmeile Reichsstraße durchschneidet noch immer das Wohnviertel Westend. Hier fand sich alles, was man zum alltäglichen Leben brauchte: Lebensmittelläden, ›Meyer's Delikatessen‹, ein Reformhaus, Apotheken und Drogerien, die Bank-Filiale. Und hier wurde die Recherche auch für mich zur Milieustudie: Von meinem Balkon aus kann ich den heutigen Brix-Platz sehen, unsere Vermieter, die Familie Schrobsdorff, gehören zu den Nachkommen der gleichnamigen Westender Wohnungsbau-Dynastie Schrobsdorff, die auch Paul Hindemiths Wohnung am Sachsenplatz vermietete. Viele Geschäfte habe auch ich schon frequentiert, soweit es sie noch gibt oder bis vor kurzem gab, wie die ›Drogerie Regenbrecht‹ (mit dem Rebus aus ›Regenwolke‹ und dem herabregnenden, Brecht zugeordneten ›Hammer-und Sichel‹-Symbol), die bis vor drei Jahren noch mehrere Filialen in der Reichsstraße besaß. Ihr früherer Besitzer wohnt noch heute um die Ecke, von ihm erfuhr ich, daß in unserem Nachbarhaus in der Nazizeit ein Denunziant wohnte, der Regenbrechts ›nichtarische‹ Mutter bespitzelte und dann zur Gestapo zitieren ließ.

Als um die Jahrhundertwende die Villenkolonie ›Westend‹, benannt nach dem Londoner Vorbild, vom Reichskanzler-Platz stadtauswärts in Richtung Spandau erbaut wurde, galt es als schick und modern, hier in einer der Stadtvillen entlang der Alleen oder in einer großzügigen Etagenwohnung der Mietshäuser an der Reichsstraße und ihren Querstraßen und Plätzen zu wohnen. Auch Hindemith, der nach seiner Berufung 1927 an die Berliner Musikhochschule zunächst möbliert zur Untermiete in der Berchtesgadener Straße 4 in Berlin-Schöneberg gewohnt hatte, zog es hierher. Am Sachsenplatz 1 fand er eine Vier-Zimmer-Wohnung mit darüber liegendem Atelier: ›Trotzdem die Wohnung klein und bescheiden ist, würde Herr Prof. Hindemith sich doch mit den Räumen abfinden, da er in dem Atelier ungestört musizieren könnte‹, schreibt sein Anwalt Dr. Bollert an das Preußische Kultusministerium, um einen Zuschuß in Höhe von zwei Jahresmieten (das waren damals 5 000 RM im Jahr) zu erbitten, den die Familie Schrobsdorff als Mietvorauszahlung verlangte. Zehn Jahre wohnten Gertrud und Paul Hindemith dann in Westend, zuletzt jedoch, angesichts der zunehmenden Einschränkungen in Deutschland, nur noch vorübergehend zwischen längeren Aufenthalten in der Türkei, bevor sie 1938 in die Schweiz emigrierten.

Eine Reihe von Musikerkollegen wohnten im unmittelbaren Westender Umkreis: Emanuel Feuermann, der Cellist aus Hindemiths Streichtrio, in der Frankenallee 11, der Konzertmeister Mauritius van den Berg in der Eichenallee 48, der Dirigent Fritz Stiedry in der Langobardenallee 11, der Komponist Paul Dessau in der Ulmenallee 43. Auch der Komponist Kurt Weill wohnte fußläufig vom Sachsenplatz in der Bayernallee 14. Daß er in Hindemiths Verzeichnis keinen Platz gefunden hat, mag persönliche Gründe haben, kann aber auch eine Folge der Enttäuschung sein, die Weill ihm mit der Überarbeitung der von Hindemith verfaßten Kompositionsteile ihres Gemeinschaftswerkes, der Musik zur Bertolt Brechts *Lindberghflug* 1929 bereitete: Weill gab sie 1930 nur mit seinen eigenen Musikstücken in Druck. Hinzu kam der Konflikt mit Brecht, weil Hindemith nicht damit einverstanden war, das von der Hochschule veranstalteten Musikfest ›Neue Musik Berlin 1930‹ für politische Parteinahme zu nutzen und Brechts Lehrstück *Die Maßnahme* dort aufzuführen. Die politischen Lager innerhalb der Künstler- und Intellektuellenszene Berlins marschierten fürderhin getrennt – siehe die im Kommentarteil zitierte Polemik des Komponistenkollegen Hanns Eisler.

Ein zweites topographisches Zentrum, in dem sich viele der bei Hindemith eingetragenen Adressen wiederfinden lassen, bildet die alte Berliner Mitte, das ursprüngliche Stadtzentrum um das Berliner Schloß und den Prachtboulevard Unter den Linden. Hier lagen politische Macht, Kultur und Kommerz dicht beieinander. Begleiten wir Gertrud und Paul Hindemith bei einem Bummel auf dieser Magistrale des alten – und neuen – Zentrums von Berlin: direkt neben dem Preußischen Kultusministerium (Unter den Linden 4) lagen zwei der von den Hindemiths frequentierten Geschäfte (Unter den Linden 2): das Pelzgeschäft von ›Peniczek & Rainer‹ und die Berliner Filiale des traditionsreichen Wiener Hauses ›für Wäsche und Konfektion‹ von ›E. Braun & Co.‹. Dieser 1926/1928 von dem Architekten Ferdinand Kratzky nach dem Vorbild des Wiener Hauptgeschäfts aufwendig umgebaute Luxusladen erstreckte sich mit Damen-, Kinder- und Herrenabteilung über drei Etagen, die durch einen Lichthof mit Glaskuppel verbunden waren. Durch den Haupteingang von sieben Metern Höhe schritt man über einen Fußboden aus italienischem Travertin mit eingelegten Bronzereliefs zu den Verkaufstresen aus Mahagoni, als Warenregale dienten echte Barockschränke, illuminiert mit sechs großen Kristall-Lüstern aus dem 18. Jahrhundert. Das 1938 ›arisierte‹ Geschäft wurde durch mehrere Bombeneinschläge 1943 zerstört. Weiter geht es zur Hausnummer 12, hier befanden sich ›Fabian & Hrch.‹ die als ›Schneider für englische Damen- und Herren-Kostüme‹ firmierten und Paul Hindemith mit maßgeschneiderten Anzügen versorgten. Das Haus Unter den Linden 22 war damals ein Hotel, in dessen Erdgeschoß sich die Filiale des Reisebüros ›Cook, Thos. & Sons‹ befand. Nachdem Hindemiths hier die Tickets für die nächste Bahnfahrt nach Frankfurt geordert hatten, flanierten sie noch an der Staatsoper (Unter den Linden 8) vorbei, um die neuen Spielpläne zu studieren. Während Paul Hindemith sich nun zu einer Sitzung der Musikabteilung in der Preußischen Akademie der Künste am Pariser Platz begab, nahm seine Frau einen Tee im benachbarten ›Hotel Adlon‹, bevor sie den ›Adler-Wagen‹ wieder Richtung Westend lenkte.

Auffällig sind die zahlreichen Sportstätten und dazugehörige Sportsfreunde in Hindemiths Adreß-Verzeichnis: unmittelbar vom Sachsenplatz aus zu Fuß zu erreichen war und ist das 1936 zum Olympia-Stadion ausgebaute Sportforum, das auch die, ebenfalls verzeichnete, Hochschule für Leibesübungen beherbergte: ›Turnst Du auch fleißig? Bitte laufe für mich eine kleine Ehrenrunde und mache einen besonders hohen Gedächtnissprung‹, bittet Hindemith seine Frau aus London am 7. November 1930. Zum Schwimmen gings ins Stadtbad an der Krummestraße, das vor wenigen Jahren wundervoll restauriert wurde. Hindemiths waren Mitglied im Berliner Sport-Club, dessen Vorsitzender Dr. med Werner Ruhemann auch zu den persönlichen Freunden gehörte. Darüber hinaus leisteten sie sich offensichtlich mehrere private Sportlehrer: Rolph Hoke steht mit dieser Berufsbezeichnung im Telefonbuch, Rudi Wilhelm war fürs Fußballspielen und Kutti Weiss für Leichtathletik zuständig. Nicht verzeichnet sind die beiden Box-Trainer Frank und Lutze, bei denen Paul Hindemith, wie viele Künstlerkollegen damals, Boxunterricht nahm. Hatte er sich mal dabei den Fuß verknackst, ging's zu ›M. Pech GmbH für Sanitären Bedarf‹ am Kaiserdamm 116, dort gab es die notwendigen Bandagen.

Hindemiths Berliner Netzwerk erwies sich im Zuge der Recherchen als dicht geknüpft: mehr und mehr tauchte in den Kommentaren, die Susanne Schaal und ich formulierten, der Einschub ›siehe Eintrag‹ auf und verwies darauf, daß die genannten Personen nicht nur mit Hindemith, sondern auch vielfach untereinander Kontakt hatten oder an einer der gleichfalls genannten Institutionen beschäftigt waren. Unter den im Verzeichnis aufgeführten 55 öffentlichen Einrichtungen befinden sich acht Theater, vier Kinos und drei Konzertsäle. Hinzu kommen 62 Geschäfte, darunter zwölf aus der Mode- und Textilbranche, vier Buchläden – und nur zwei Restaurants. Betrachtet man die Liste der genannten Personen, so sind dort, rechnet man die mehrfach Genannten ab, 234 Namen verzeichnet. Unter soziologischen Gesichtspunkten fällt auf, wie eng hier die ›Große Welt‹ und die ›kleinen Leute‹ miteinander verbunden sind. Da gibt es all die Prominenten aus der Kulturszene – und vom Alphabet dazwischengestreut: die Aushilfen für den Haushalt, die Schneider Sasse und Schweidtnitzer, den Salon für Fußpflege von Hermann Harms und den Masseur Heinrich Schuldt. Und es mag kennzeichnend sein für das Selbstverständnis der Hindemiths, daß sie auch zur Familie

Schuldt über die Emigration hinaus bis in die fünfziger Jahre den Kontakt hielten und sie mit Care-Paketen und abgelegten Kleidern von Gertrud versorgten.

Unter den Freunden und Bekannten Hindemiths zeichnen sich verschiedene Berufsgruppen ab. Die größte Gruppe bilden selbstverständlich die Musikerkollegen, auf die Susanne Schaal in ihrem Beitrag näher eingeht. Die zweite Gruppe bilden die Ärzte. Rechnet man die schriftstellernden Kollegen Benn und Döblin dazu, so finden sich dort 17 Mediziner mit ihren jeweiligen Spezialisierungen, und es ist nicht anzunehmen, daß sie alle aus rein medizinischen Gründen konsultiert wurden. Dies mag allein bei den drei Tierärzten Dr. Hammelmann, Dr.Wessel und Dr. Lottermoser zutreffen, bei letzterem hat Hindemith eine Zeichnung vom kranken Hund Alfi mit dicker Backe hinzugefügt. Auch Dr. Henius sorgte sich um das leibliche Wohl des häufig unter Magenkrankheiten leidenden Paul Hindemith. Die übrigen jedoch gehörten wohl eher zum Kreise der befreundeten Musikliebhaber und Mäzene in Berlin, wie exemplarisch der Kieferchirurg Dr. Franz Ernst, dem Hindemith sein *Konzert für großes Orchester* op. 38 in Dankbarkeit gewidmet hat. Als Geiger im Akademischen Orchster Berlin steht Dr. Franz Ernst auch zugleich beispielhaft dafür, daß es in Berlin Orchester und Chöre gab, in denen überwiegend Akademiker oder Ärzte musizierten.

Eine Sonderstellung unter den in Hindemiths Telefonverzeichnis aufgeführten Ärzten beziehen die beiden Schriftsteller Gottfried Benn und Alfred Döblin. Mit Döblin bemühte sich Hindemith Anfang der dreißiger Jahre vergeblich um eine Zusammenarbeit. Zu mehreren Gedichten von Gottfried Benn hat Paul Hindemith Kompositionen verfaßt. Nach dem Abschluß der gemeinsamen Arbeit an dem Oratorium *Das Unaufhörliche* (1930) folgten zwei weitere Jahre, in denen der Komponist und der Schrifsteller versuchten, den Stoff für das Libretto einer Oper zu entwickeln. Von den Bemühungen blieb das Fragment eines Singspiels erhalten, an den Hindemith und Benn bis Mitte 1932 arbeiteten. Weitere Stoffe waren ›Der Mikrobenjäger‹ des Populärwissenschaftlers Paul de Kruif und ›Bezwinger des Hungers‹ von demselben Autor, an denen Benn arbeitete. Doch weder über diese Projekte, noch über weitere von Hindemith geäußerte Vorschläge konnten sich beide einigen, auch nicht über die Thematisierung des Künstlerschicksals von Matthias Grünewald – die Grundidee zur Oper *Mathis der Maler*, zu der Hindemith dann nach dem Scheitern der Zusammenarbeit ab 1933 selbst das Libretto verfaßte. Viele Gründe mögen zum Abbruch dieser Arbeitsbeziehung geführt haben. Der Dichter Gottfried Benn war nicht bereit, den von Hindemith postulierten Primat der Musik zu akzeptieren: ›Schließlich kann ich ja meine Verse oder Gedanken allein an den Mann bringen, ohne Musik‹, schreibt er 1930 an Ewald Wasmuth. Und Hindemith kontert 1932 gegenüber seinem Verleger Strecker vom Schott-Verlag: ›Und die Worte haben diese Dichter doch immer nur machen können, weil ich ihnen ganz genau vorgeschrieben habe, was sie tun sollen.‹ Inwieweit das Scheitern dieser Arbeitsbeziehung, wie Klaus Theweleit in seinem ›Buch der Könige‹ 1996 unterstellt, auch einer Liebesbeziehung Benns zu Gertrud Hindemith geschuldet war, läßt sich durch die vorhandenen Dokumente nicht belegen – sie sprechen eher von einer schwärmerischen Verehrung, die Benn nach mehreren sonntäglichen Picknick-Ausflügen in seinen Briefen gegenüber Gertrud Hindemith immer wieder zum Ausdruck brachte: ›Oh, gnädige Frau, die Sie ihren schnittigen Mercedes, den nahen Verwandten des Auburn-Ford, den letzten Aufschrei der Carrosserie- und Motorenindustrie, so graziös lenken, so sicher und doch mit jenem leisen Anflug von Anlehnungsbedürfnis, der einer Frau über alles steht – ‹. Spekulativ erscheint es, Benns Nazifizierung ab 1933 – wie Theweleit unterstellt – dem Scheitern der Beziehung zu Hindemiths anzulasten. Daß Benn, kaum waren die Nationalsozialisten an der Macht, sein Fähnchen vorübergehend nach dem neuen Wind ausrichtete, hatte bestimmt weiterreichende Gründe. Doch die Tatsache als solche hatte den endgültigen Bruch der Beziehung mit Hindemiths zur Folge. Auch zu einem späteren Zeitpunkt, nachdem Benn 1938 als ›entartet‹ aus der Reichsschrifttumskammer ausgeschlossen worden war, fanden der Dichter und der Komponist nicht wieder zueinander.

Neben den bereits erwähnten Sportlehrern gibt es weitere Lehrer, bei denen Hindemith offensichtlich Unterricht nahm: in der ›Rackow'schen Berufsschule‹ lernte er Buchhaltung, beim Studienassessor a. D. Paul Kuppe nahm er Privatunterricht in lateinischer Sprache, um musiktheoretische Traktate im Original lesen zu können – die Zeichnung mit den Insignien SPQR (Senatus Populusque Romanus), den Staatsinsignien des Römischen Reiches, deutet darauf hin. Und Fritz Bewert gab ihm Unterricht in Algebra. Hindemith erinnert sich an den Berliner Mathematiker bei seiner Begegnung mit der italienischen Cembalistin Corradina Mola 1935 in Turin: ›Ihr genaues Alter ist nur mit Hilfe von Bewert's Logarithmentafel festzustellen.‹

Eine weitere signifikante Berufsgruppe bilden die fünf eingetragenen Rechtsanwälte. Sie waren, so mag unterstellt werden, keineswegs alle mit Hindemithschen Rechtsstreitigkeiten befaßt. Lediglich Dr. Bollert hat tatsächlich ein Mandat als Rechtsanwalt Hindemiths ausgeübt, als es, wie bereits erwähnt, um die Anmietung der Wohnung am Sachsenplatz 1 ging. Die übrigen, so ist zu vermuten, gehörten ebenso wie die Ärzte zu den Musikliebhabern und Mäzenen, die damals das Berliner Kulturleben maßgeblich finanzierten. Unter den mit Hindemiths befreundeten Anwaltskanzleien finden sich mehrere, die dann ab 1933 der nationalsozialistischen Verfolgung zum Opfer fielen: Das von der Berliner Anwaltskammer 1936 selbst erstellte Verzeichnis ›nichtarischer‹ Rechtsanwälte in Berlin nennt mit Dr. Alfred Marcus und Dr. Curt Sluzewsky zwei der mit Hindemith in Beziehung stehenden Anwälte, in der Kanzlei Rukser waren darüber hinaus zwei weitere jüdische Anwälte beschäftigt: Dr. Ernst Dannenberg und Dr. Richard Wittkowski. Sie gehörten zu den insgesamt 1835 jüdischen Anwälten, die es Anfang 1933 in Berlin gab – am Ende des selben Jahres waren es mit 1 168 nun als ›nichtarisch‹ geltenden Anwälten nur noch zwei Drittel der vorherigen Gesamtzahl. Zu diesem Zeitpunkt waren den jüdischen Anwälten bereits alle Bürosozietäten mit ›arischen‹ Rechtsanwälten verboten – dies galt auch für die genannte Kanzlei Rukser. 1935 brachte ein ›Gesetz zur Verhütung von Mißbrauch auf dem Gebiete der Rechtsberatung‹ für die meisten jüdischen Anwälte das Berufsverbot, bis dann unmittelbar nach den Novemberpogromen 1938 allen endgültig die Zulassung entzogen wurde. Von dieser Maßnahme waren 1938 in Berlin noch 671 ›nichtarische‹ Anwälte betroffen, auch die Kanzlei Sluzewski wurde nun geschlossen. Viele Anwälte wurden als ›Sühnemaßnahme‹ ebenso wie zahlreiche jüdische Ärzte im November 1938 kurzzeitig im KZ Sachsenhausen inhaftiert. Nach ihrer Rückkehr blieb ihnen, soweit sich dazu die Möglichkeit bot, nur die Auswanderung. Zu den insgesamt 635 jüdischen Rechtsanwälten aus Berlin, denen die Flucht ins Ausland gelang, gehörten auch Dr. Ernst Dannenberg und Dr. Curt Sluzewski, sie emigrierten 1939 nach England. Als 1941 die ersten Deportationen von Berlin aus begannen, waren insgesamt 271 jüdische Berliner Anwälte unter den Opfern. Zu ihnen gehörte auch Dr. Alfred Marcus aus Hindemiths Telefonbuch, der nach seiner Dienstverpflichtung zur Zwangsarbeit als Ordner bei der Reichsversicherungsanstalt dann am 19. Mai 1943 mit dem 89. sogenannten ›Altentransport‹ nach Theresienstadt deportiert wurde. Hier starb er ein halbes Jahr später am 29. Januar 1944. Nur Dr. Richard Wittkowski, der christlich getauft war und durch eine sogenannte ›privilegierte Mischehe‹ zunächst geschützt war, gelang es, die Verfolgungen in Berlin zu überleben.

Die aufgespürten Lebensgeschichten der im Nationalsozialismus Verfolgten in Hindemiths Bekanntenkreis machen das Telefonverzeichnis zum *document humaine* der Zeitgeschichte. 1933 wohnten in den Bezirken Wilmersdorf und Charlottenburg 27 000 Juden (unter einer Gesamteinwohnerzahl von 340 000), nach Berlin-Mitte war dies das Stadtquartier mit dem höchsten Anteil der jüdischen Bevölkerung in Berlin. So ist es nicht verwunderlich, daß sich unter den Geschäften, in denen Hindemiths einzukaufen pflegten, auch mehrere jüdische Läden befanden. Acht von ihnen wurden nach 1933 ›arisiert‹, darunter fünf Textil- und Modegeschäfte: das Konfektionsgeschäft E. Braun & Co., der Modesalon Goetz, Albert Rosenhains Laden für ›Leder- und Luxuswaren‹, Dora Apfels ›Wäscheatelier‹ und die ›Schneider für Damen- und Herren-Kostüme Fabian & Hrch.‹. Sie gehörten zu den jüdischen Geschäften der Textilbranche, die noch 1930 in Berlin insgesamt 60,6% der Herren- und 42,9% der Damenkonfektion ausmachten. Zwischen 1933 und 1938 wurde die Zahl jüdischer Geschäfte aller Branchen in Berlin halbiert, bevor dann die ›Verordnung über die Arisierung‹ von 3. Dezember 1938 dazu führte, daß bis zum Jahresende 1938 die letzten 3105 jüdischen Geschäfte ›arisiert‹ (dies betraf 535 Läden) bzw. liquidiert (2570 Läden) wurden. Diese Enteignungsmaßnahme betraf ›Else Ascher's Bittere Schokolade‹, die Buchhandlung Amelang (sie wurde einer ›arischen‹ Geschäftsführung unterstellt) und Bernhard Bloggs ›Versandbuchhandlung‹ sowie Martha Goertels Laden für Kunst-, Kunstgewerbe und ›modische Neuheiten‹. Von den Besitzern gelang es nur Richard Goetz und Bernhard Blogg, aus Deutschland zu emigrieren. Bei einigen ließ sich nicht eindeutig feststellen, ob sie zu den Deportierten gehörten, die im ›Berliner Gedenkbuch‹ aufgeführt sind.

Mit Sicherheit jedoch zählte Martha Goertel dazu. Geboren 1885 in Berlin, wohnte sie seit 1907 im selben Haus, in dem sie auch ihren Laden betrieb. Aufgrund der finanziellen Notlage nach Schließung des Geschäftes gab sie 1940 ihre Wohnung im Vorderhaus auf und zog in eine Vierzimmerwohnung im Gartenhaus – zusammen mit fünf weiteren jüdischen Mietern: Dr. Wilhelm Kronheimer und seine Frau Hermine, Felix und Marta Lewy sowie Rose Borchard. Martha Goertel wurde zur Zwangsarbeit bei der Firma Werner Pause in der Wallstraße 11–12 in Berlin-Mitte verpflichtet – für einen Brutto-Lohn von 24 Reichsmark pro Woche. Den Weg vom Bayrischen Viertel nach Berlin Mitte legte sie täglich zu Fuß zurück, weil ihr als Jüdin das Benutzen öffentlicher Verkehrsmittel verboten war. Am 5. Februar 1942 wurde Martha Goertel mit dem 19. Transport nach Riga deportiert. Am 7. Januar 1943 teilte die Reichsmonopolverwaltung für Branntwein der Oberfinanzdirektion mit, daß auch die Mieter Kronheimer und Lewy mit ihren Ehefrauen deportiert worden sind. Am 12. Februar 1943 wird die Wohnung geräumt, ihr Bestand vom Oberfinanzpräsidium geschätzt: zwei Kleiderschränke mit Wäsche (30,- RM), mehrere Stühle, zwei kleine Regale, zwei Spiegel (zusammen

50,- RM), ein kleiner weißer Frisiertisch mit Spiegel (5,- RM), ein Teppich, ein ›Bettstück‹, eine Fenstergardine und drei kleine Sofakissen (zusammen 5,- RM) stehen auf der Liste. Die Firma Heinrich Firnges übernimmt den Verkauf, der Erlös wird mit den Stromkosten verrechnet, die seit der Deportation von Martha Goertel nicht mehr bezahlt worden waren. Martha Goertels Todesdatum in Riga ist unbekannt.

Zwei weiterer Menschen soll an dieser Stelle besonders gedacht werden: dem Intendanten der ›Berliner Funkstunde‹ und Schwager Hindemiths, Hans Flesch, und dem ›Radiopionier‹ Alfred Braun. Im Zuge der Nazifizierung des Rundfunks war Flesch bereits Ende 1932 entlassen worden. Am 8. August 1933 wurden Flesch und Braun, zusammen mit zwei weiteren Rundfunk-Verantwortlichen, von der Gestapo verhaftet und zur ›Schutzhaft‹ in das KZ Oranienburg überführt. Ein Foto zeigt sie dort, noch in ihren korrekten Sommeranzügen, bewacht von einem SS-Mann: ›Verdienstvolle Männer...‹ untertitelte zynisch die Zeitung ›Der deutsche Sender‹ am 18. August 1933 die Veröffentlichung des Bildes. Während Alfred Braun aufgrund einer Berufung an das Züricher Theater 1934 freikam, wurde den übrigen 1935 ein Schauprozeß gemacht. Hans Flesch erhielt mit einem Jahr Gefängnis die Höchststrafe. Er arbeitete danach einige Zeit als Buchhalter und wurde 1942 als Mediziner zwangsverpflichtet. Seit März 1945 blieb er verschollen.

Unter den insgesamt 234 Personen in Hindemiths Telefonbuch finden sich 45 im Nationalsozialismus Verfolgte, die mit ihren Angehörigen nach 1933 ins Ausland emigrieren konnten: Licco Amar, Bert Brecht, Alfred Braun (zeitweise), Bernhard Blogg, Hans Curjel, Else Czapski, Paul Dessau, Alfred Döblin, Alice Ehlers, Alfred Einstein, Carl Ebert, Hanns Eisler, Emanuel Feuermann, Bertha Geissmar, Richard Goetz, Margarethe Harich-Schneider, Bernhard Heiden, Erich Moritz Hornbostel, Lydia Hoffmann-Behrendt, Else Jülich-Taube, Leo Kestenberg, Otto Klemperer, Silvia Kind, Anton Kuh, Kurt Lachmann, Margarethe Löwenthal, Erich Mendelsohn, Darius Milhaud, Lili Mandl, Franz Osborn, Robert Oboussier, Hermann Reichenbach, Curt Sluzewski, Leontine Sagan, Fritz Stiedry, Curt Sachs, Oskar Schlemmer (zeitweise), Artur Schnabel, Therese Schnabel, Karl-Ulrich Schnabel, Martha Tschernomordik, Walter Trier, Olga Wolfsthal, Paul Zech und Carl Zuckmayer. Die Liste macht deutlich, wem es in diesen Jahren vor allem gelang, aus Deutschland zu emigrieren. Da sind an erster Stelle die prominenten Musikerkollegen, denen es – ohne Sprachprobleme – leichter möglich war, im Ausland Fuß zu fassen. Es sind zum zweiten Künstler und Schriftsteller, gefolgt von den Anwälten, die über die notwendigen Verbindungen – und Mittel! – verfügten, um ins Ausland zu gehen. Die ›Kleinen Leute‹ kommen unter den Emigranten in Hindemiths Telefon- und Adreßbuch so gut wie nicht vor: Martha Tschernomordik, der es noch 1942 gelang, nach La Paz in Bolivien zu entkommen, ist eher die Ausnahme.

Nur wenige der Genannten kamen, soweit dies festzustellen war, 1945 oder in den folgenden Jahren wieder nach Deutschland zurück: es waren eher die politischen Flüchtlinge als diejenigen, die wegen rassistischer Verfolgung das Land verlassen mußten: Bert Brecht, Hanns Eisler und Paul Dessau gingen ins östliche Berlin, Carl Ebert übernahm wieder die Intendanz der Städtischen Oper im Berliner Westen, an der er 1933 entlassen worden war. Alfred Braun, der seine Füße bereits 1939 zurück ins nazistische Berlin gelenkt hatte, wurde 1954 Intendant des Senders Freies Berlin. Hindemith selbst war 1945/46 als Direktor der neugegründeten Berliner Musikhochschule im Gespräch – eine offizielle Berufung blieb jedoch offensichtlich aus: ›Der einzige wunde Punkt in der Geschichte ist, daß ich bis jetzt niemals eine offizielle Anfrage bekommen habe. [...] Und solange das natürlich nicht kommt, kann ich nicht auf die freundliche Aufforderung von Freunden hin plötzlich eine nach vieler Mühe aufgebaute Existenz leichtsinnig wieder aufgeben,‹ erzählte Hindemith Anfang 1946 in einem Interview des kanadischen Rundfunks.

Nur zu Besuch kehrte er in den fünfziger Jahren nach Berlin zurück, so dirigerte er am 3. Januar 1957 an seiner früheren Hochschule sein Oratorium *Das Unaufhörliche*. Aufführungsort war der gerade nach Entwürfen des Architekten Paul Baumgarten fertiggestellte Konzertsaal-Neubau in der Hardenbergstraße am Steinplatz, dem der sprichwörtliche Berliner Volksmund den – in mehrfacher Hinsicht symbolischen – Namen ›Bahnhof Hindemith‹ verpaßt hatte.

Christine Fischer-Defoy

Berlin Mitte der zwanziger Jahre: Eine pulsierende Großstadt, kultureller Brennpunkt in der Mitte Europas mit hervorragenden Orchestern und glanzvollen Schauspielhäusern, mit kleinen Bühnen, Varietés und Kabaretts, mit Kaffeehäusern, Lichtspielpalästen und unzähligen anderen, vielfältigen Vergnügungsstätten. In Berlin lebt die Prominenz von Kunst, Kultur und Kommerz, jeder kennt jeden, und alle fühlen sich der Stadt verbunden, die ihnen ein solch bunt schillerndes Leben bietet.

In diese Stadt kommt Anfang 1927 Paul Hindemith, der gerade einmal 31jährige, gleichwohl unerhört erfolgreiche Komponist und Bratschist aus Frankfurt, der Berlin bislang nur von einigen kurzen Aufenthalten anläßlich seiner Konzerttourneen kannte. An der Staatlichen Akademischen Hochschule für Musik soll er nun eine Professur für Komposition antreten. Eingefädelt hatte diese Stellenbesetzung Leo Kestenberg, der seit 1918 als Musikreferent im Preußischen Kultusministerium tätig war und es sich von Anfang an zum Ziel gesetzt hatte, das bis dahin eher provinzielle, konservativ-wilhelminisch orientierte Musikleben Berlins neu zu gestalten. Innerhalb weniger Jahre war es ihm gelungen, Berlin zu einer modernen, zeitgenössischen Strömungen gegenüber aufgeschlossenen Musikmetropole Europas zu machen. Als Lehrer einer Kompositionsklasse an der Preußischen Akademie der Künste kann er 1924 mit Arnold Schönberg den umstrittenen Protagonisten der Neuen Musik gewinnen. Bereits seit 1920 ist der Komponist Franz Schreker Direktor der Berliner Musikhochschule, die Kestenberg mit einschneidenden Reformen zu einer der modernsten und fortschrittlichsten musikalischen Bildungseinrichtungen umformt. Schrekers Stellvertreter ist der Musikwissenschaftler Georg Schünemann, dessen Initiative es zu verdanken ist, daß an der Berliner Musikhochschule neue, bis dahin unbekannte Ausbildungsbereiche erschlossen werden. Schünemann fördert die künstlerische Auseinandersetzung mit den neuen Medien Film und Rundfunk. Experimente mit elektrischen Musikinstrumenten wie dem

Trautonium werden im Unterricht ebenso angeboten wie das Spiel Alter Musik auf Originalinstrumenten aus der Instrumentensammlung von Curt Sachs.

Angelockt vom neuen geistigen Klima der Stadt, kommen international erfolgreiche Musiker in die Stadt: Erich Kleiber, Bruno Walter, Wilhelm Furtwängler und Otto Klemperer werden als Dirigenten an Berliner Opernhäusern und Orchestern engagiert, hochkarätige Instrumentalisten unterrichten an der Musikhochschule oder sind Mitglieder in den besten Orchestern. Mit Paul Hindemith kann Kestenberg 1927 dann einen weiteren bedeutenden Vertreter der zeitgenössischen Musik für Berlin gewinnen und damit die herausragende Position der Stadt unterstreichen.

Mehrere Gründe waren wohl ausschlaggebend dafür, daß der junge Komponist auf Kestenbergs Angebot bereitwillig einging. Zum einen sah Hindemith, der bislang als Orchestermusiker, Komponist und Instrumentalsolist tätig gewesen war, in der Aufgabe als Pädagoge eine neue Herausforderung. Zum anderen lockte wohl auch die Aussicht auf ein regelmäßiges Gehalt, das ihm und seiner Frau Gertrud die Sicherung des Lebensunterhaltes ermöglichen würde. Und nicht zuletzt mag es auch das abwechslungsreiche, unterhaltsame Leben in Berlin gewesen sein, das ihn reizte. Jedenfalls zögerte er nicht allzu lange mit einer Zusage, nachdem Kestenberg Ende 1926 Kontakt mit ihm aufgenommen hatte, und konnte schon am 1. Mai 1927 voller Elan und mit ehrgeizigen Plänen seine neue Stelle antreten.

Die zwei Zugereisten aus Frankfurt gliedern sich schnell in das Leben Berlins ein. Es liegt auf der Hand, daß ein Künstler von Hindemiths Rang, mit einer verantwortungsvollen und zeitaufwendigen Tätigkeit als Lehrer einer Musikhochschule, mit zahlreichen nationalen und internationalen Konzertverpflichtungen als Bratschist und Kammermusiker, und nicht zuletzt auch mit schier unerschöpflichem kompositorischem Eifer – daß also ein Künstler wie Hindemith eine andere Art von Berliner ›Alltag‹ erlebte als der sprichwörtliche Nachbar von nebenan. Und doch verraten die Dokumente, und allen voran das Adreßbuch, auf welche Weise das Ehepaar sein privates Leben zu organisieren wußte, wie der Alltag für die Bewohner der Atelierwohnung am Sachsenplatz 1 aussah.

Die vielfältigen Möglichkeiten, die das kulturelle Leben in der pulsierenden Metropole bietet, genießen die Hindemiths in vollen Zügen. Sie erleben die aufsehenerregenden modernen Inszenierungen an der Kroll-Oper, deren musikalische Leitung Otto Klemperer innehat. Aufmerksam registriert Hindemith auch die Kompositionen seiner Kollegen: Er besucht Aufführungen neuer Bühnenstücke von Darius Milhaud, Artur Honegger, Kurt Weill, Othmar Schoeck oder Leos Janácek und hört sich Konzerte mit Werken Strawinskys an. Sein kulturelles Interesse reicht indes weit über den musikalischen Bereich hinaus. Bildende Kunst fasziniert ihn, der schon als Junge Briefe mit aufwendigen Zeichnungen verzierte und kleine Karikaturen anfertigte, zeitlebens in besonderem Maße. Daher besucht er immer wieder die Berliner Museen oder unternimmt Ausflüge zu Baudenkmälern im Berliner Umland. Regelmäßig geht er ins Theater, so ist er beispielsweise am 13. Juli 1931 gemeinsam mit dem Regisseur Hanns Niedecken-Gebhard und Carl Zuckmayer bei einer Aufführung von dessen neuestem Stück, dem ›Hauptmann von Köpenick‹, im Deutschen Theater zugegen. Aber auch die ›leichte Muse‹ amüsiert ihn und seine Frau: Sie besuchen Kabarett- und Revue-Vorstellungen und sehen sich Operetten an. Filme mit Charlie Chaplin, Buster Keaton oder Harold Lloyd, die in den zahlreichen Filmpalästen der Stadt zu sehen sind, machen sie zu begeisterten Cineasten.

Das Ehepaar Hindemith läßt sich auch von der allgemeinen Begeisterung für sportliche Betätigung anstecken. Mit Waldlauf und Gymnastik beginnt früh morgens der Tagesablauf. Der Komponist nimmt Box- und Schwimm-Unterricht und besucht gemeinsam mit seiner Frau Fußballspiele von Hertha BSC. Allerdings zieht es die Hindemiths, bei aller Faszination, die das urbane Leben auf sie ausübt, auch immer wieder ins Grüne, und sie unternehmen ausgedehnte Wanderungen im Grunewald und Badeausflüge an den Wannsee oder an einen der zahlreichen anderen Seen rund um Berlin.

Hindemiths knüpfen schnell Kontakte zu zahlreichen Persönlichkeiten der kulturellen und intellektuellen Szene Berlins. Viele von ihnen sind in ihrem Adreßbuch verzeichnet – andere Dokumente wie Briefe, Photos, Taschenkalender oder auch Programmzettel, die das Hindemith-Institut aufbewahrt, bestätigen jedoch die naheliegende Vermutung, daß ihr Bekannten- und Freundeskreis weit über die im Adreßbuch genannten Personen hinausreichte. Mit ihren Freunden gehen sie auf den einschlägigen Einkaufsmeilen bummeln, abends treffen sie sich mit Musikerfreunden zum unbeschwerten Musizieren frei von konzertbedingter Anspannung. Die leidenschaftlichen Hundefreunde Paul und Gertrud Hindemith finden in Franz und Maria Schreker ebenso wie in dem Ehepaar Heinisch Gleichgesinnte, mit denen sie sich gelegentlich für die alltäglichen Ausführspaziergänge verabreden. Mit Marcellus Schiffer, dem Librettisten seiner Oper *Neues vom Tage*, besucht Hindemith eines Tages den selben Züchter von Scotch-Terriern; Karlchen und Marco heißen die beiden Hundebrüder, mit denen Schiffer und Hindemith den Züchter schließlich wieder verlassen. Und immer wieder lädt Hindemith ausgesuchte Schüler, Kollegen, Verwandte und Freunde zum Spielen mit seiner Märklin-Eisenbahn zu sich nach Hause ein. Sein zutiefst demokratisches Bewußtsein unterschied nicht zwischen ›Kleinen Leuten‹ und kultureller Prominenz, und so sind sie alle nicht nur im Adreßbuch unmittelbar nebeneinander verzeichnet, sondern bisweilen fand sich der in der Nachbarwohnung lebende Kaufmann Hepner mit dem Journalisten Hildenbrandt auch als Tischnachbar zum Abendessen bei Hindemiths wieder.

Paul Hindemith stammte aus ärmsten Verhältnissen und konnte nach der Volksschule keine weiterführende Schule besuchen, sondern begann mit 13 Jahren als hochbegabter Stipendiat des Frankfurter Konservatoriums sogleich seine Ausbildung zum Orchestergeiger. Die schulischen Versäumnisse nachzuholen und sich umfassend zu bilden, ist eines seiner ehrgeizigen privaten Ziele während der Jahre, die er in Berlin lebt. In den wenigen Stunden seiner ›Freizeit‹ befaßt er sich mit Buchhaltung, nimmt Mathematikunterricht und erledigt stets eifrig seine Algebra-Hausaufgaben. Vom Privatlehrer Paul Kuppe erhält er Unterricht in lateinischer Sprache mit dem Ziel, Musiktraktate in der Originalsprache lesen zu können – mit seinem Freund, dem Musikpädagogen Hans Boettcher, wechselt er zur Übung – und aus Spaß – sogar lateinische Briefe.

Im Mai 1924 hatte Paul Hindemith Gertrud Rottenberg, die Tochter des Frankfurter Opernkapellmeisters Ludwig Rottenberg geheiratet. Bevor das Ehepaar nach Berlin zog, lebte es in Frankfurt gemeinsam mit Hindemiths Mutter und Schwester im Kuhhirtenturm am Sachsenhäuser Mainufer, einem Teil der ehemaligen Frankfurter Stadtbefestigungsanlage. Der originelle Wohnsitz wurde auch während der Berliner Jahre beibehalten und diente Paul und Gertrud Hindemith als Heimstatt, so oft sie – getrennt oder gemeinsam – nach Frankfurt kamen, um Familie und Freunde zu besuchen oder geschäftliche Angelegenheiten zu regeln. Das Adreßbuch verrät, daß Gertrud sich weiterhin in Frankfurt Kleider anfertigen ließ, daß Paul seiner angestammten Musikalienhandlung treu blieb, daß ein Teil von Hindemiths Geldgeschäften auch zu Berliner Zeiten in der Obhut eines Frankfurter Bankhauses lag, und daß alte Freundschaften selbst über die Entfernung hinweg gepflegt wurden.

Das Adreßbuch, vermutlich zum Zeitpunkt des Umzugs nach Berlin angelegt, wird von beiden Eheleuten gleichermaßen genutzt und nach und nach mit Eintragungen versehen. Gertrud Hindemith, die mit der Erledigung der vielfältigen organisatorischen Aufgaben betraut ist, die das Leben eines konzertierenden Künstlers mit sich bringt, notiert neben ihren eigenen, ›privaten‹ Adressen wie Frisiersalons oder Modegeschäften zum Teil auch beruflich relevante Adressen ihres Mannes, etwa die Anschrift der Konzertdirektion Adler oder die Telefonnummer der Bahnhofsauskunft. Viele Hochschulkollegen wie Curt Sachs oder Artur Schnabel, aber auch die Telefonnummer des Strumpf- und Schuhgeschäfts Siegmund Reiss stehen in Paul Hindemiths akkurater, gut leserlicher Schrift im Verzeichnis.

Hindemith ist zum Zeitpunkt seiner Ankunft in Berlin einer der bekanntesten und erfolgreichsten zeitgenössischen Komponisten

Deutschlands. Seit der Furore machenden Uraufführung seines *3. Streichquartetts* op. 16 bei den ›Donaueschinger Kammermusik-Aufführungen zur Förderung zeitgenössischer Tonkunst‹ im Jahre 1921 reihten sich zahlreiche aufsehenerregende Premieren aneinander, die stets aufs Neue Hindemiths kompositorisches Können in all seiner Vielfalt unter Beweis stellten: 1922 konnte man im Finale der turbulenten *Kammermusik Nr. 1* op. 24 Nr. 1 erstmals das spektakuläre Aufheulen einer in die Komposition integrierten Sirene hören und gleich anschließend über die stilistisch gänzlich anders gearbeiteten Lieder *Die junge Magd* op. 23b erstaunt sein. 1923 schuf Hindemith mit *Das Marienleben* op. 27 einen der bedeutendsten Klavierliederzyklen der damaligen Zeit. *Cardillac*, seine im November 1926 uraufgeführte erste abendfüllende Oper, wurde in den darauf folgenden Jahren an zahlreichen Opernhäusern inszeniert.

Hindemiths Erfolge als Komponist sind nicht zu trennen von seiner Arbeit als Instrumentalist. Für sein Instrument, die Bratsche, schreibt er Sonaten und Solokonzerte, die er selbst uraufführt und in sein Konzertrepertoire integriert, und seit 1922 unternimmt er mit dem von ihm mitbegründeten Amar-Quartett, das auch für mehrere Uraufführungen seiner Kammermusikwerke verantwortlich zeichnet, zahlreiche Tourneen durch viele Länder Europas.

Mit dem Umzug nach Berlin verändert sich Hindemiths Leben nachhaltig. Die neue Aufgabe als Lehrer der Musikhochschule, der er sich voller Verantwortungsbewußtsein und mit großem Arbeitseinsatz widmet, nimmt viel Zeit in Anspruch. Da es immer schwieriger wird, die Berliner Verpflichtungen mit den Proben und Konzertterminen des Amar-Quartetts in Einklang zu bringen, scheidet Hindemith im April 1929 aus dem Ensemble aus. Für seinen Abschied mag zudem verantwortlich sein, daß er dem Streichquartettspiel nach sieben Jahren intensiver Konzertpraxis keine neuen Aspekte mehr abgewinnen kann. Und sicher reizt ihn auch die Aussicht, gemeinsam mit seinen neuen Berliner Kollegen musikalisch-interpretatorisches Neuland zu betreten. So gründet er 1929 mit dem Geiger Joseph Wolfsthal und dem Cellisten Emanuel Feuermann ein Streichtrio, das in den folgenden Jahren zahlreiche Konzerte im In- und Ausland bestreitet. Immer häufiger tritt Hindemith nun auch als Gastsolist bei Konzerten hochkarätiger Orchester auf. Gelegenheiten dazu bieten sich ihm in Berlin zur Genüge. Hier ist das von Wilhelm Furtwängler geleitete Philharmonische Orchester zu Hause, Otto Klemperer wirkt als Dirigent des Orchesters der Kroll-Oper. Mit beiden Dirigenten arbeitet Hindemith bis 1933 mehrfach zusammen, und fast immer wird er engagiert, um eines seiner eigenen Solokonzerte für Bratsche oder Viola d'amore aufzuführen. Aber auch andere, weniger renommierte Berliner Orchester haben ihn öfter zu Gast.

Um 1930 steht Hindemith als Komponist, Solist, Kammermusiker und Pädagoge auf dem Höhepunkt seiner bisherigen Karriere. Er erhält Kompositionsaufträge unter anderem vom Boston Symphony Orchestra und den Berliner Philharmonikern, die Komponisten William Walton und Darius Milhaud widmen ihm ihre Bratschenkonzerte, Konzertkritiker bewundern seine technischen Fähigkeiten und interpretatorischen Leistungen. Doch auch die Stimmen, die ihm nicht wohlgesonnen sind, werden immer lauter. National-völkisch orientierte Kritiker und Journalisten richten zunehmend heftigere Attacken gegen ihn und seine Musik. 1930 muß eine in Dresden geplante Aufführung des Einakters *Sancta Susanna* in letzter Minute abgesetzt werden, da die SA mit Störungen der Veranstaltung droht. Nach der Ernennung von Adolf Hitler zum Reichskanzler am 30. Januar 1933 wird Hindemiths Situation zusehends prekärer. Er gerät zwischen die Fronten miteinander konkurrierender Nazi-Kulturpolitiker: die einen, reaktionäre Kreise um Alfred Rosenberg, bezeichnen ihn als ›Bannerträger des Verfalls‹, weil sie seine Musik für ›kulturbolschewistisch‹ halten, weil er weiterhin mit seinen als Juden gebrandmarkten Kollegen Simon Goldberg und Emanuel Feuermann Trio spielt, und weil seine Frau Gertrud als ›Halbjüdin‹ gilt. Dagegen versuchen andere Kulturpolitiker des ›Dritten Reiches‹ zunächst, den prominenten und international erfolgreichen Komponisten als einen der ›Fahnenträger der Zukunft‹ für das nazistische Deutschland zu vereinnahmen.

Hindemith zeigt sich anfangs, wie viele andere auch, von den politischen Ereignissen in Deutschland weitgehend unbeeindruckt: ›Nach allem, was hier vorgeht, glaube ich, daß wir keinerlei Grund haben, mit Sorgen in die musikalische Zukunft zu sehen. Nur die nächsten Wochen muß man vorübergehen lassen‹, schreibt er im April 1933 optimistisch an seine Verleger. Er ist der Ansicht, daß ›Mut und Standhaftigkeit‹ beim Vertreten der eigenen Meinung die politische Integrität gewährleisten können. Freilich erlebt er bald auch im engsten Freundes- und Familienkreis die Auswirkungen der Nazi-Herrschaft. Viele seiner Kollegen an der Musikhochschule verlieren ihre Stellung und verlassen teilweise Deutschland schon 1933. Gegen seinen Schwager Hans Flesch, den Intendanten des Berliner Rundfunks, wird willkürlich Korruptionsverdacht erhoben, um ihn entlassen zu können; Flesch ist von Mitte 1933 bis Mitte 1935 in Moabit, kurzzeitig auch im Konzentrationslager Oranienburg inhaftiert.

Für Hindemith selbst scheinen sich die Bedingungen allerdings zunächst zu seinen Gunsten zu verändern. Im Februar 1934 wird er in den ›Führerrat‹ der Reichsmusikkammer gewählt, der von den Nazis eingerichteten Standesorganisation, der jeder aktive Musiker (sofern er ›arisch‹ ist) beizutreten hat. Doch kaum einen Monat später entfacht die erfolgreiche Uraufführung von Hindemiths Sinfonie *Mathis der Maler* durch Wilhelm Furtwängler und die Berliner Philharmoniker einen heftigen Meinungsstreit, der monatelang nicht nur die Fachpresse, sondern auch die Tageszeitungen beherrscht. Schließlich versucht Wilhelm Furtwängler, dem Komponisten in dieser Kontroverse beizustehen, indem er am 25. November 1934 den Artikel ›Der Fall Hindemith‹ veröffentlicht, der Hindemiths Verdienste um die zeitgenössische deutsche Musik herausstellt. Dieser Schritt erweist sich als verhängnisvoll, denn Joseph Goebbels, Propagandaminister und Führer der Reichskulturkammer, sieht sich nun veranlaßt, eindeutig Stellung zu beziehen. Er diffamiert Hindemith in einer Rede vor der Reichskulturkammer als ›atonalen Geräuschemacher‹ und stellt mit Blick auf Furtwänglers Versuch einer Ehrenrettung fest: ›Denn der Nationalsozialismus ist nicht nur das politische und soziale, sondern auch das kulturelle Gewissen der Nation. […] Das mußte gesagt werden, um in dem Widerstreit der Meinungen Klarheit zu schaffen.‹ Hindemith zieht – ebenso wie Furtwängler, der von all seinen Ämtern zurücktritt, – schnell die Konsequenzen aus den Querelen um seine Person: Bereits am Tag vor Goebbels' Rede ersucht er den Direktor der Berliner Musikhochschule, ihn ›wegen der Ereignisse in den letzten Tagen auf unbestimmte Zeit zu beurlauben‹. Als er wenig später das Angebot erhält, im Auftrag der türkischen Regierung das Musikleben und die Musikerausbildung in der Türkei zu modernisieren, nutzt er diese Gelegenheit, der aufgeheizten Stimmung in Berlin zu entfliehen, nur zu gerne. In den folgenden Jahren hält er sich jeweils für mehrere Wochen in der Türkei auf. Zu seinen zahlreichen Aufgaben gehört auch, geeignete Pädagogen an die Hochschule in Ankara zu vermitteln, und auf diesem Wege kann er einigen seiner in Deutschland verfolgten Kollegen eine neue berufliche Perspektive verschaffen.

Hindemith hofft vergeblich, daß sich die Wogen der Aufregung durch seine Abwesenheit glätten mögen und sich seine Situation zum Guten wenden könnte. Denn auch nach Goebbels' eindeutiger Stellungnahme findet die nationalsozialistische Kulturpolitik zunächst zu keiner einheitlichen Linie im Umgang mit Hindemith. Lange bleibt unklar, ob seine Werke offiziell und landesweit verboten sind. Die kursierenden Gerüchte sorgen jedoch dafür, daß kaum ein Veranstalter es noch wagt, ein Werk Hindemiths auf das Programm zu setzen. Hindemiths eigene Konzerttätigkeit reduziert sich außerdem drastisch: in Deutschland erhält er keine Einladungen mehr, und für Konzerte im Ausland muß er mit zahlreichen bürokratische Hürden versehene Bewilligungen einholen. Seine Verleger in Mainz bemühen sich vergeblich um eine Rehabilitierung, und sie scheitern auch mit dem Versuch, die Uraufführung der Oper *Mathis der Maler*, die bereits 1935 vollendet war, an einer deutschen Bühne durchzusetzen. Wilhelm Furtwängler, der seinen spektakulären Rücktritt nach wenigen Monaten widerruft und nun in Gnaden wieder aufgenommen ist, wird ebenfalls immer wieder in höchsten Ministeriumskreisen vorstellig, um Positives für Hindemith zu erreichen. Der betrachtet all diese Anstrengungen mit zunehmender Skepsis und Resignation. Als im Oktober 1936, nach dem demonstrativen Erfolg einer Aufführung der *Sonate in E für Geige und Klavier*, ein generelles Aufführungsverbot seiner Werke erfolgt, schreibt er illusionslos seinem Freund, dem Verleger Willy Strecker in Mainz: ›Entweder es geschieht irgendwas Gegenteiliges in absehbarer Zeit, was ich kaum annehme, ja (wenn ich ehrlich sein soll) nicht einmal wünsche, oder die Spannung, die jetzt schon herrscht, steigt immer mehr [...]. Ich möchte auf keinen Fall den Eindruck erwecken, daß ich durch Kriechen in einem anderen Loch – und wenn es ein Luftloch sein sollte – eher zum Ziele zu kommen wünsche. Etwas Stolz dürfte sich gerade jetzt besser rentieren als Eile.‹ Mit dem Ausbleiben von Tantiemen und Honoraren aus Aufführungen und Konzertengagements geraten die Hindemiths neben der psychischen Belastung, die das faktische Berufsverbot mit sich bringt, jetzt allerdings auch in finanzielle Engpässe, die der Verlag durch Vorschüsse zu überbrücken sucht; der Verkauf des Autos bringt dem Ehepaar Anfang März 1937 zusätzlich dringend benötigte 200 Mark.

In Berlin fühlen sich Paul und Gertrud Hindemith nun immer weniger wohl. Angesichts der politisch aufgeladenen und bedrückenden Atmosphäre versuchen sie, der Hauptstadt so oft wie möglich den Rücken zu kehren. Lange Sommermonate verbringen sie mit Wandertouren durch die Eifel, den Schwarzwald und Schlesien. Zum Komponieren und Schreiben zieht sich Hindemith in einsame Berghütten, in den Schwarzwald oder wenigstens in das politisch weniger explosive Frankfurt zurück. Im gleichen Maße, wie sich das Adreßbuch mit Auslandsadressen emigrierter Freunde und Streichungen von Berliner Daten füllt, schwinden in Hindemiths Taschenkalendern die privaten Termine, die Verabredungen mit Freunden und Bekannten dokumentieren. Seinen Unterricht hält Hindemith inzwischen teilweise sogar in seiner Wohnung ab, da er so die Öffentlichkeit des Hochschulgebäudes meiden kann. Eine Vorentscheidung über die berufliche Zukunft in Deutschland fällt schließlich, als er Ende März 1937 zur ersten Konzerttournee nach Amerika aufbricht. ›Paul ist irgendwie mit der ganzen Sache fertig, er hat vor, am Tage der Schiffsabfahrt die Kündigung abzuschicken‹, schreibt seine Frau an Willy Strecker: ›Du weißt ja, daß P. nicht voreilig in blinder Leidenschaft agiert, sondern daß in ihm alle Entschlüsse langsam aber sicher zur Reife kommen.‹ Tatsächlich schickt Hindemith der Berliner Musikhochschule am 22. März 1937 sein Kündigungsschreiben, seine Frau erhält unterdessen sogar den Auftrag, das Berliner Domizil am Sachsenplatz zum 1. Oktober desselben Jahres zu kündigen – allerdings verzögert sich der endgültige Abschied von Berlin dann noch um ein knappes Jahr. Die jetzt noch vage ins Auge gefaßte Möglichkeit, ohne offizielle Verpflichtung als Hochschullehrer irgendwo in der süddeutschen Provinz als freischaffender Komponist und Lehrer einer ›Meisterklasse‹ leben zu können, erweist sich angesichts der politischen Entwicklungen als immer illusorischer, und der Entschluß zur Emigration steht längst fest, als bei der Düsseldorfer Ausstellung ›Entartete Musik‹ im Mai 1938 auch Hindemiths Werk an den Pranger gestellt wird.

Von Mai bis Juli 1938 halten sich Hindemiths in der Schweiz auf, zum einen, um die Vorbereitungen für die Uraufführung der Oper *Mathis der Maler* in Zürich zu beobachten, zum anderen, um nach einem geeigneten Häuschen in den Alpen Ausschau zu halten, das für die nächsten Jahre ihr Zuhause werden könnte. Das Bergdörfchen Bluche im Unterwallis hat schließlich, was sie suchen: ›Das Häuschen ist so, als wäre es uns auf den Leib geschneidert‹, schreibt Paul Hindemith begeistert an Willy Strecker, ›und die Gegend ist das schönste was man sich wünschen kann: Eine liebliche Matten- und Baumlandschaft, rings umgeben von den großartigsten Dingen. Hinter uns die südlichste Kette der Berner Alpen, gegenüber die Walliser Schneeriesen (Weißhorn usw.) und vor uns tief unten das Rhonetal, das man etwa 40 Kilometer weit aufwärts verfolgen kann. Dazu die Abgeschiedenheit in einem winzigen Bauerndörfchen voller Kühe mit ständigem Gebimmel, das Häuschen mit Sonnenveranda und Garten mit Obstbäumen, was will man mehr? Neben der Komponiererei gibt es Hausarbeit genug: Holzsägen und -hacken (bei Eichenklötzen eine ganz gesunde Beschäftigung), Pilzesuchen und im Frühjahr die Gartenarbeit. Im Winter haben wir das ideale Skigelände. Wann kommst Du also, um Dir die Herrlichkeit anzusehen?‹

Ein Leben inmitten dieser ländlichen Idylle in Aussicht, reisen Hindemiths Ende Juli ein letztes Mal nach Berlin – wo wenige Monate später die Synagogen brennen werden –, um den Haushalt aufzulösen und ihre Habe in Kisten zu verpacken. Was entbehrlich erscheint, wird in einem Berliner Keller untergestellt oder nach Frankfurt transportiert. Die Berliner Kisten werden die Bombennächte des Weltkrieges überdauern; der Frankfurter Kuhhirtenturm wird im Oktober 1943 zerstört werden und mitsamt Dokumenten und Manuskripten aus Hindemiths Besitz – darunter große Teile des Frühwerks – verbrennen. Ein letztes Mal feiert Gertrud Hindemith am zweiten August ihren Geburtstag im Kreise von Berliner Freunden: Das Ehepaar Heinisch ist eingeladen, Familie Eisenlohr, die Cembalistin Eta Harich-Schneider und eine alte Freundin aus Frankfurter Tagen, die Opernsängerin Betty Mergler. Am 16. August 1938 vermerkt Hindemith in seinem Taschenkalender: ›Letzter Tag Berlin!‹ Das Ausrufungszeichen hinter der mit Bleistift geschriebenen Eintragung kündet noch heute von der wehmütigen Erleichterung, mit der Paul und Gertrud Hindemith Berlin verlassen – der ungewissen Zukunft, in die sie aufbrechen, zum Trotz.

Susanne Schaal

Joachim Ringelnatz

Am Sachsenplatz: Die Nachtigall

Es sang eine Nacht…
Eine Nachti…
Ja Nachtigall am Sachsenplatz
Heute morgen. – Hast du in Berlin
Das je gehört? – Sie sang, so schien
Es mir, für mich, für Ringelnatz.

Und gab mir doch Verlegenheit,
Weil sie dasselbe Jauchzen sang,
Das allen Dichtern früherer Zeit
Durchs Herz in ihre Verse klang.
In schöne Verse!

Nachtigall,
Besuche bitte ab und zu
Den Sachsenplatz;
Dort wohne ich. – Ich weiß, daß du
Nicht Verse suchst von Ringelnatz.

Und hatten doch die Schwärmer recht,
Die dich besangen gut und schlecht.

Reichsstr.

4

Antheil, George
12 rue de l'Odéon
Paris VIe

Grete Adickes
Volkshochschule Colborn
bei Lüchow

Auer Frankfurt
57611

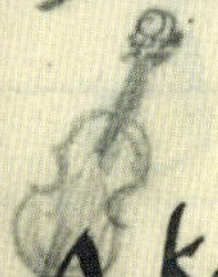

Akademie Jäger 0282
A1

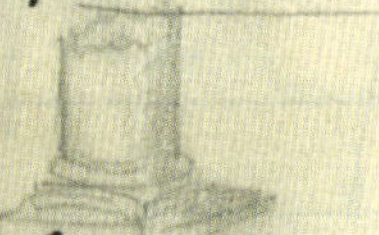

Adler Konzertd.
Speyererstr. 12 I W. 30
Cornelius 0688

Apotheke a. Reichsk. Pl.
Westend 687

Albingia ~~Hamburg~~ Europahau
Berlin S.W. 48   Bergm. 3024

<u>Adler</u> Auto   Bergman 70

– Frankfurt 70251

Auskunft Anhalter

Lützow 1536

Arnbold – Domscheid

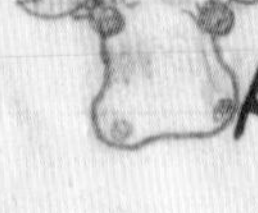

Cornelius 5245
Rosenheimerstr. 16   W.30

D.R.A.C.
<u>Autoclub</u> (Sohst, Versich.)
C1 8066

Hardenbergstr. 18

Ascher 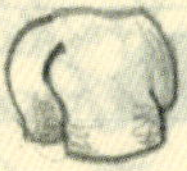 Heerstrasse 1018
~~Olive 5788~~

Arntzenius
Amsterdam
29680 Tel:

Gabriel Metsu straat 11

Apfel
Cornelius 5848

Amela  IV
Bism. 1445

Arndt ~~79 3675~~
#45271

Arbeitsamt W. Co 0311

Ausliefern: Fr. Bitow durch Martha
Schiller-Promenade 9 Neukölln
Erna v. Ernst (Frida Riedel)
Rostocker Str. 5 Seitenfl. IV.
Berlin Moabit /

Ernst Wagner 4417

Aziz C4 1744

Brecht Frauenhofer 2217

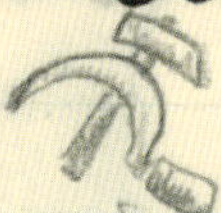

Berlea Bettinastr. 27

Beraneck Oliva 660

Bolten B. Uhland 304
Dönh. 1608

Prof. Bracht W. 15.
Joachimsthalerstr. 21
Bism. 71 1851

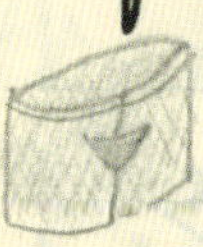

Brugsch Barbarossa 1856

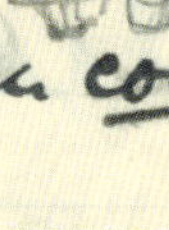

Börsencourier Merkur 2435

Dr. Bremer Oliva 6233
Sächs. Strasse 12

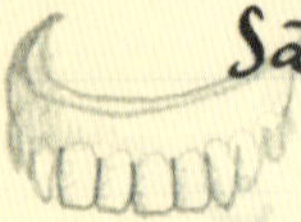

Bollert (Merkur 6704)
Flora 1506
Kanonierstr. 40

Berliner St. 25 Stpl. 6128

~~Beck Magdeburg~~ 8655

Alfr. Brust Elchallee
Cranz i. Ostpr.

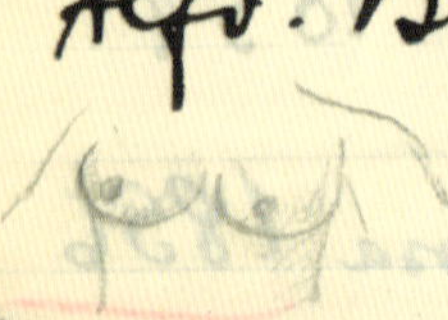

Pedell

Braun ~~Wannsee~~ 6266

Baugesellschaft Binger Str.
Westend 6709

Döme, Belle Alliance Str. 21
S.W. 61
Bergmann 3234

Bausch, Hessenallee 11
~~[illegible]~~ 5763
Heerstr. 79:

~~Fr. Biester, Kolonie Wochenend~~
~~Haus 26~~
~~Spandauer Chaussee~~

Benn Bergm. 4356

Bacharach, Dörfl 24744

Dr. Böttcher Zehlendorf
Spandauer Str. 139 5255
B1 Kurfürst 9285

Büschu, Söderberg 0024.

Bashgaff, Oberst

~~Böttcher Hamburg-
Altona Kleinflottbeck
Tickstr. 3
D9 Bahrenfeld 3526~~

Nele Benn G. Overgaard
Skovshoved pr. Charlottenlund
Söbakken 9

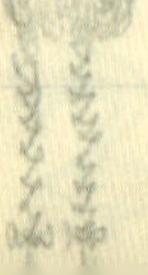

Dr. Bevert Steinpl. 5951

$\sqrt[3]{673429}$ Wielandstr. 48

B. Blogg Pfalzbg 3352

Büller Klingsorstr. 66
Steglitz

Brendel 77988

Berg, Alban R 34-8-31

~~Bach Frauenhofer~~ 0251

v. Branden~~stein~~

(Jäger) A I ~~7~~216

~~v. d. Berg~~ ~~9~~ 9 3062

Frl. Böhm Hauptstr. 11 Schöneberg

Stefan 4026 9 1

Berufsstand Deutsch. Komponisten

~~C~~ ~~7~~ 3 (westend) 5518

Busch Ho ~~VIII~~ ~~3~~4417

Botschaft - Italienische
Lützow: L 2. 9861

Bote Bock
B IV 8300

Bezirksamt Wilh. 0013
Fr Knobelsd. 35

Braun A 2 4 4 6 2

Benda Wannsee
5696

Dr. Borries
Berlinerstr. 59

Lübeck -
Schwarke

Heerstr 1844

Grete Balk Weissensee
Strasse 212 Nr 98 -
Bayernallee 48 Nr 98a 9a

Berliner Sp. C. 73 3720

Dr Beccard Wilh 7596

Casella

Via G. Nicotera 5, Roma

…las Kurfürstenstr. 126

Barbarossa 2112 BV

Dr. Cungel Fridericiastr. 13

Westend 5268

s B. BV 1858

Carsten & Wally

Barbarossa 6025 126

BV

Capitol Barb. 7058

Th. Cook
Jäger 6166

Chauffeur: Andreesen
Karlsruherstr. 16

Carmus, Società p. Ct. prop. Musicale
14, Via Venezia Roma

Cyapsby, St Angelo
Castle Bar Hill
Ealing W. 5

73/0287

Dresdener Bank
Adol. Hitler pl.
~~Reichskanzler Pl.~~ 26
Tep. K. 57
~~73:493 287~~

Deutsches Theater
Weidendamm 3201

Dlugaiczik
Winterbachstr. 45 Dornbach
~~Zepp. 57868~~

~~D. Dessau~~
~~Bismarck 6925~~

Drogerie Regenbrecht

D. R. A. C. Auto Club
Stpl. 8066
Solist. Versicherg

Debuser, Westend 7261

~~Döblin, Kaiserd. 28~~
~~Westend 6331~~

Dobschütz Emser Platz
~~Pfalzbg~~ 1077

Dünnebeil Potsd. Str. 20
B 1 Kurfürst 0347
B II 0347

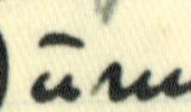

Ehlers
Bechstedter Weg 4
Pfalzbg 9341

Ernst Bismarckstr. 68
C1 6983

Lily Ehrmann Brckst. 79
J2 Oliva 1873
Hohenzollerndamm 9

Eisenlohr Assmannshauserstr. 12
H3 Rheingau ~~7500~~
4500

A. Einstein Cornelius 3848
Heilbronnerstr. 6
W. 30

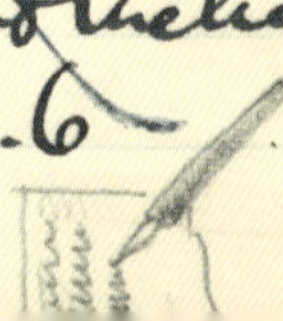

Elektrola   Westend 1005

Ho 6685 Wannsee

Eisler   Oliva 221.

~~Ebert~~   ~~Stpl. C1 2044~~

~~Bavaria B4 2953~~

HG

Eckstein   Emser Pl. 4207

Pommersche str. 4

~~Bodenfeng   Merkur 676.~~

Ehlgötz   J7 5459

F
G
H
[illegible]
K
I
M
N
[illegible]
F
[illegible]
E
[illegible]
T
U
V
W

Funkstunde Berlin
C 3 9000

De Fries Werder 319

Fränkchen Soorstr. 60 IV
C 3 851

Flesch Thebesius
Franz Lenbachstr. 11

Edwin Fischer Wilmersd.
Pfalzbg 6753

Finanzamt Bl. 5291

Nissle

359

B. V 4801

Flesch

Alt Moab. 12a

C B 4450

~~Stefan~~
~~Arbeitab. 3080~~
~~Martin Luther Str. 47~~
~~Schöneberg~~

Sächsische Str. 38, ~~H7~~ 1992

~~Feuermann~~ Frankenallee 11

F3. 1238

Brsm. 3395 Roman

Fabian ~~Gent 2991~~

A1. Zitzen 0157

~~1614~~ 3082

Furtwängler ~~BV~~ ~~1132~~1

Hohenzollernstr 9

Viktoriastr 36

~~B 1 7 7 10~~

Franke-De Barde

Dahlem

Breitenbachpl. 12 | H 9 4128

Schmargendorf

Fuchs Frankfurt

23612

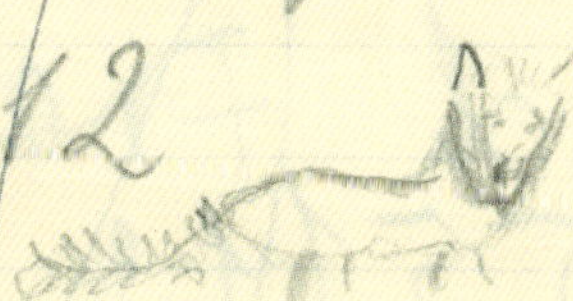

3082

359 Bismarck

~~Flesch Brückenallee~~ 5
~~C 9 0661~~

~~Max Flesch~~
~~Franz Leibecker~~
Sachsenhaus[en]

Færder & Sch-
F1 2125

Flesch Frankfur[t]
55112

Stagma Brüscwitz

~~Gema~~ ~~Merkur 3940 A 6~~

~~Fr. Ebertstr~~ Westend 6541 73

Gr.-Schauspielh.
Norden 2951

Gloria Pal.
Bism. 8555

Gas Wilh. 3040 Justa II
C4

Grotrian Bavaria 8663

Gieseking Alexanderstr. 2
Hannover

Gleismar   W 10 Dörnbergstr. 6
Kurfürst 1860
B. 1 ~~106~~

~~direkt 2002~~ / 14740 Tel Büro

Goetz   Bism. 958

George, Steff   28871

53 I
Gleim   Hiltensbergerstr. ~~[illegible]~~
München

~~Goldberg   Rheingau 7838~~
~~Wilhelmshöherstr. 16~~

Y. George siehe A

Gürtel 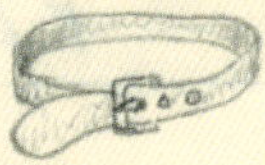
15. IV 5912

~~Gengmer Rheing. 237~~
Friedenau – Kaiserallee 137

Goldberg Lichterfelde
Tulpenstrasse 10
G6 3538

Goette Hamburg
342241

Grümmer Paul
C1 2528

Sal. Grute Bism 36 20

Kpferol 35

Gaßmann

Honegger Square Chabrier !

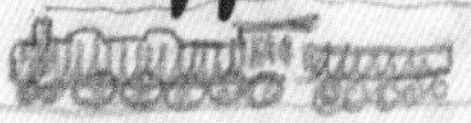

Hochschule St. 2501
" 0011

Hugenberg Humboldtstr. 12
Breitenb. 0238

Hartmann, Essen
Zweigertstr. 75

Hindemith Frankfurt
65930

Heitmann Cornelius 2988

Hotel „Excelsior" Bergm. 9000
" „Fürstenhof" Flora 0039
" „Am Knie" Wilh. 9434

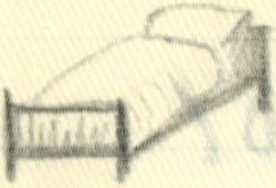

Hochschule f. Leibesüb. Kurfürst 1309

Hans Hohenzollerndamm 139
~~[illegible]~~ 1060
H 9

Hammelmann ~~Oliva 1139~~
Stpl 1165

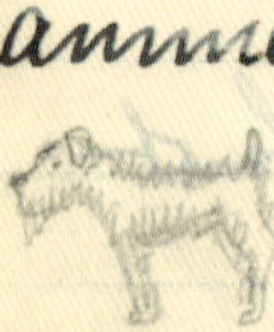

Hedwigskirche, Kaplan Pabel
Merkur [illegible] 1943
(Ordinariat Jäger 0847)

Hübschmann Steglitz 8782

v. Hornbostel ~~Steglitz 3422~~
Arndtstrasse New School f. social Research
66 W. 12 Street, N.Y. City

H 4
Höffer, Zehlendorf 5407 H4
~~Spandauerstrasse 137~~
Hegewinkel

Hetling Frauenhofer 0391
(bayr. Ministerpräsident)

Havemann Wannsee 5094
Berlinerstrasse 145 Neubabelsberg

Heinisch Pf[illegible]
2 8805

Hildebrand 3346

Heerst ~~4902~~ 2073

Hoke Manteuffelstr. 38
~~Berlin Tempelhof~~ G V

Zigarrenladen Lessen

Lessen (Siedlung) 8252

J 1 Bismarck 4279
Apotheker Hans Cohn
Kurfürstendamm 182, Ecke Olivaer Platz

~~Rheing 2964~~ Hoffm. Be

Holz u Stahl F 6 Baer. 4444
u 3434

Helbig H 4 6628

~~[illegible] b. [illegible]~~
~~[illegible] 21. Berlin N. W. 87~~

Hundesteuer Bez. A. Charl-
Rath. Berliner Str.

C4 0013
App 315

Hepner 79 1087

Hoffmann Behrendt
[illegible] 2964

43 [illegible] 45

Hornbostel 66 W. 12 str.
N. Y City

J 2 4861

Heinrich ~~[illegible]~~

~~Kaiserplatz 17~~

~~H6 (E.N.) 3438~~

Dr. Henius Kaiserallee

Harich – Schneider

Kfstendam 136 r.

Hochmeister 2826

– Hygiene 7 79/4469

Happel, W.

Westend 4589

Heinrich
Württembergische Str 27-28

Heiden C1 7868

Grete Hahn c Dr Hahn
Steglitz | Johanna Stegenstr 28
Albr 7447 |

K
I
M
N
O
P
Q
R
S
T
U
V
W

Jöde Lichterfelde 7277

Humperdinckstr 8 Lankwitz

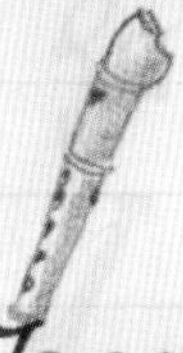

Jacoby Wolfg Lichterfelde 1673

Am Pfuhl 2

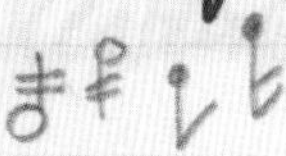

Jülich-Taube Kaiserallee 46

Uhland 7917

Jochum Westend 2781

Geh. Krauss
Heerstr. 3366

~~Kestenberg Baarstr~~
~~Emserplatz 1503~~

Kehm Uhland 7594

Kultusministerium Zentrum
11340

Krasselt Hannover Heinrichstr 36
West 4927

Klemperer Kurfürst 5709

Marienburg 35 4062

Wien, Schönbrunn

Kaufmann, Fritz Oliva 445

Kortschak, Hans Graz

Volksgartenstrasse 11

Kornrödie Bison 2414

Kurzbach Barbarossa 2020

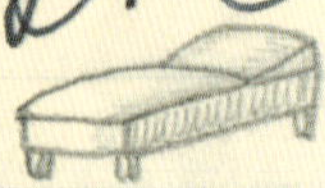

Keller, Laurent Westend 4891

Mecklenburgallee 6

Dr. Klapp Lindenallee 26
Westend 3374

Kraftverkehrsamt (Ewald)
Baerwald 5321

Dr. Kallenbach Uhland 4562

v. Knorr Zehlendorf 4054
Waldhüterpfad 9

Krumme Strasse Badeanstalt
Magistrat Wilhelm 4980

Kriedemann Ebereschenallee 36

Dr. Kauffmann [illegible] 1350
[illegible]
P 16 Avenue de Versail
41

[illegible] Koos
Grete [illegible]
9 3 8 4
NW 21 / [illegible]str. 21
b. Frau Kühn

Fr. Wirsch Bavaria [illegible]
4 7 3 7

Kleinwächter Heilgasse 7 III
Wien Ü 18-9-45
B 53-4-77.

Kürtenkampff Konstanzerstr 15
Uhland [illegible] 3491
Wilmersdorf H 7

Kuppe B5 8444
Augsburgerstr 72

Krauss Werner Pfalzburg 1413

Nikolei ~~Alt Moabit 85a~~
Bismarck 5644

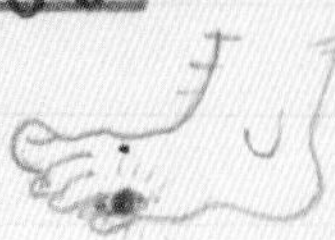

Dr. Kahn neu
Wilm. 5830

Lind Stpl. C1 9641
Bismarckstr 114

I M N P Q R T U V W

v. Landgraf Tegel 1419

Lübbecke 25628

Lessing-Theater Norden 10846

25-26

Dr. Lottermoser Joachimsthalerstr. 36 Rankeplatz

Bism. 236

12-2 4-½6

Labroca Rom 47 Via Icilio 20

Dr. Lissmann [illegible] Tel. 51136

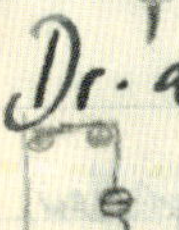

Trutz 27 part.

Lion Maza Südliche Str. 27 IV

Lützow 5514

Neue Ansbacher 12

Berb. 4481 Gartenh. C.

Löwenthal Köln-Braunsfeld
Monschauerplatz 9
Tel 50614

Ludwig Schlossstrasse 67 Charl.
C4 8296

Leigh 40 upper Gloucester Place
Paddington 9186 N.W. 1

Frau Lubzack
Augsburgerstr. 30 III

Dr. Robert Zachmann 2194 Tiergarten

Lange: Stpl 5513

Margo Lion – Traute
Hotel Powers
Rue François Ier 52
Paris 8e

Lisy Löffler
37 Gutenbergstr. Heilbronn

Lang J. 6 2234
Wilmersdorferstr. 73 IV

Leyer ~~C1 7709~~ Kantstr. 79 C1 0864

C1 7709 | b. Anfänk

Milhaud Boulevard de Clichy 10
(Marcadet 3178)

Müller-Blattau Königsberg
Hagenstr 9

~~Meyer Delikatessen Westend 552~~

~~Müller Gesang Bism. 2424~~

Bism 3421

~~Marcus Dr. Steinplatz 8756~~

~~Melzer Pfalzburg 5807~~

~~Mendelsohn Erich~~ 19/1300

Hellmann C 4/3511

Schlossstrasse 64
Charl. 5.

Mandl 91 75 57

Mahcke Stpl. 9572

13

Mendelsohn 24, Grosvenor Place
London

Moltscharoff 71 1067
415 Kpfend Lo

N
P
Q
T
U
V
W

([illegible] Reichsstr. 71.

Nieswand) Heerstr. 2463
Westendallee 71

Nabokoff 9 Rue Jaques Mawas
Paris XV
(Beaugirard 6265)

Wedecker Kurfürst 2146

Dr. Nipperdey 791095
Bayernallee 44 Charlbg 9

Nötel : Schlosstr. 40 IV l.
b. Gabriel

~~Osborn Franz Rheingau 2319~~

~~Osolin~~ { ~~Bismarck 394~~
~~Kurfürst~~

Charles O'Neill b. Schmidt
~~b. [illegible] Kurfürstendamm 145~~
~~[illegible] 6627~~
~~Halberstädter str. 3~~
77 Hochmeister 1048
~~Halensee~~ 77

Ölsner 77 ~~Hochmeister~~ 1233

Ornsmier A 7 8934
Südring 9113

Orient Seminar
A 6 3746

P
Q
R
S
T
U
V
W

Pentzold · MÜNCHEN 23

DIETLINDENSTR. 14 · RUF 33417

Pilartz Rheingau 1491 H3

Siegburgerstr. 16.

C4

Pech Wilhelm 1664

736616 | 124

Polizei-Revier ~~Westend 3649~~

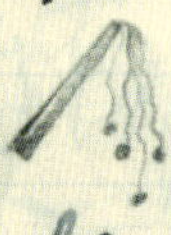

Paulinenhaus Westend 445

Penicsek & Rainer Jäger 1250

Polizei-Präsidium, Fundbüro

Berolina 0023

Peukert Baerwald 0829

Philharmonie B2 490

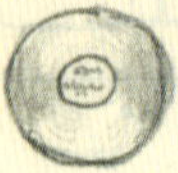

Poulenc Noisay (Indre et Loire)

Polinkoff J 7. 2837, Rüdesheimerstr. 23
Wilmersdorf

B2
Philharmonie Gastrau Lützow 5509

Prüwer ~~Steinpl. 3046~~
J I 5645 ~~Privat (Wilm.! 47 306)~~

Hohenzollerndamm 34
b. Hinrichs / Wilmersdorf

Quast & Tackenberg C 4 2919

Post-Auskunft C 2

E 1 0010

~~Phil. Chor~~

Phil. Orch. B I 1710 - 1860

Rundfunk Frankfurt Zeppelin 50191

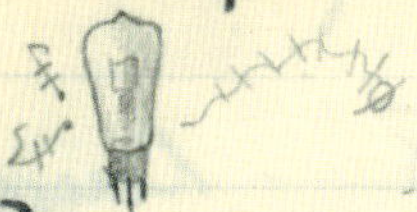

Rundfunk Berlin Westend 9000

Rottenberg 53427

Reisebüro KdF Porschinski
Bavaria 0011

Reiss Barbarossa 7786

Rühmann Pfalzburg 8702
Ulopstr 47

R
T
U
V
W

~~Rükser Rehbrücke 46~~

Kudowastr. 28 · Kemper

Reichenbach ~~Zehlendorf 2284~~
~~Beermeisterstr. 85~~
H 4 ~~17~~ 64

Rosbaud Leibachstr. 146
Zeppelin 56081

Ruppel Kurfürstenstr. 78
Barbarossa 6545 BV

Heerstr.
Reformhaus · ~~Westend~~ 7550

Rubinstein Ida Place des Etats Unis
Paris

~~Rottenberg Wien IV Rechte Wienzeile 117~~

Reichsausschuss f. Leibesübungen
Kurfürst 4192

Raissa Roth Barbarossa 1878

Budapester 1 W 62

Rosenkaim

Bismarck 9400

~~Rottenberg (58435)~~

Reckow 8013 B IV

T
U
V
W

Drogerie
Regenbrecht
schickt sofort
J 9 Heerstr. 41 88

Reichsmusikerschaft
B 11 1435
Dr. Hoffmann

Amt für Konzertwesen i. d. Reichsmus...
~~[illegible]~~ Auslandsabt.
Lützowufer 14

Kammer B 2 9021

Vedder Stpl 8071
Lützowplatz 13

Ringelnatz
Achenbachstr. 3 Berlin W. 50
Tel. Bavaria 2436

Scala  ~~Vollend. 37~~60 BV 9256

Schrecker ~~Nikolsb. Rosenecker 4~~ H6

~~Zehlendorf~~ 5257

Landhaus

~~Schröder Kronprinzendamm 1~~

~~Brabant 1071~~

Strecker Wiesbaden Biestädterstr 60

27516

Schellamt K9

Staatstheater Intendanz ~~Hansa 8452~~

(Döpel)

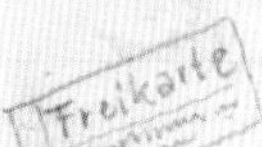

~~A6~~ Merkur 4531

(Sommerfeld Geh. Rat)

Städt. Oper CO Fraunhofer 0231

T

U

V

W

Strobel ~~Westend 6378~~

Spindler Westend 6908

Sportforum Heerstr 5536
4431

Miss Stillings 425 East 86th Street
$ N.Y. City

Staatsbibliothek Wolf
12520 Centrum
3162 Merkur

Sluzewsky Barbarossa 8853 privat
Merkur 1800 Büro

Simon Alicija Warschau
Ul. Kredytowa 8

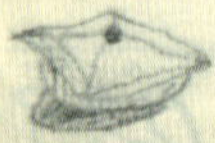

Sagan Leontine Rheingau 7899

~~Selbin Westend 2234~~

Kaiserallee

Stuckenschmidt ~~Hohenzollerndamm~~ 3 ~~W15~~

H7 Oliva 3676

B Z am Mittag

Sachs Lichtensteinallee 10

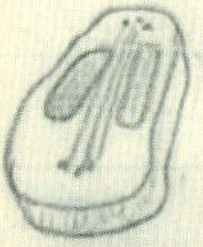

Barbarossa 1061

B V

~~Sygovsky~~ / Amre Düsseldorferstr 29 W15

Oliva 7316

Stiedry Westend 4173

Sasse Holsteinische Str 59

Schünemann Konstanzerstr 35

~~Uhland~~ 4203

Wilmersdorf H7

T
U
V
W

Schumann Georg Lichterfelde 3382

g III

Schweidnitzer, Schneider Westend 5755

Schell A7 4104

Schnabel ~~I 1 1160~~ Fl. Waldorf

~~Wielandstr. 14, Charltbg 4~~

Leibnitzstr. 47

Charl. II

Schuldt ~~Invalidenstr. 131~~

~~Weidendamm D2~~

C 1 Steinpl.
7568

Kantstrasse 152

Schott Mainz 41441

09

Schmidt elektr. Heerstr. 5960

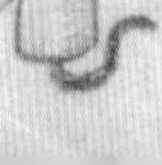

Schlemmer C4 6680

Brigitte
Schiffer-Oelsner
Halensee
Paulsborner Str. 3
H 1 Pfalzburg 1233

~~Dr. Schäfer Hals~~
~~Neukölln 7633~~
~~Berliner Str. 11~~

Dr Samson

B V 6926

~~Therese Sch[illegible]~~
~~41 Wheler[illegible]~~
~~London~~

Norfolk Mansions
28, Wigmore Street
[illegible] W 1.

T
U
V
W

Schuster / Xantenerstr. 15a
Oliva 6725 Berlin W

Stuck ~~8972~~ Potsdam
7800

Schulz-Dornburg
Hochmeister 6491

Lili Schnabel SA 1207

Sachsenpl Sarafe 79 2526

Cora Schröder –
Spandauer (Onkel Tom 117
H4 52 92

Schmidt Rud.
C 1 1900

Seidel G 2 3112

Marga Schöller J 1 3375

Prof. Stein C 4 6034
Schloßstr. 56

Schötze Willy
Uhlandstr Kurfürstend

Bism.
Kurfürstendamm 22 J 1 1631

Schjeune.
Stplatz C 1 9155

Sachsenpark Rest.
7 9 3216

Kurfürst 9018
Dr. Stutzmann
Am. Consulat

Staudenschep
Wittelsbacherstr 27
Wilmersdorf

[illegible] Waldstr. 33
[illegible] 2576
71

Schüler, Vanda Eberstr. 3 IV
b. Froese Schöneberg

Sing Akademie
A 6 3271

Tiessen Wilhelmshöherstr 17
Rheingau 9281

Tribüne Wilhelm 5365

Tschenomordik [71 Bism. 3832] Kurfürstendamm 14 / 15

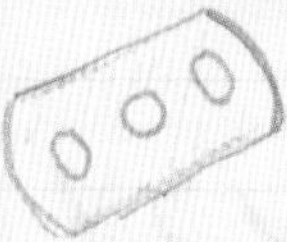

Trier Lichterfelde 1717
Herwarthstr. 10

[redacted] Theater i.d. Stresemannstr
Bergmann 2110

Thiesse . Parkstr 46
a.d. Badstr
aus Mitte ab [illegible]

T
U
V
W

Telefunken / Grenzehaus
A 6 Kerker 7866

Telefon Gebühren E 1 0010

Spindler 79 2908

Türk. Insp. Oliva 7131

Baßmann

Ufa Bergmann 8600

Union-Garage Frankfurt
26262

Ulbrich, Dr. Westend 874

Untersuchungsgef.
Alt Moabit 12a
G.B. 4450

U
V
W

Vedder Eichenallee 66
Fleenstr. 2458

Virchow Kr. Hs
D 6 4191

V
W

Wolff u. Sachs ~~Lützow 6140~~

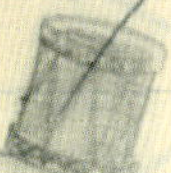

Linkstr. 42 B 2 9456

Herr Bleicher ?

Wasmuth C1 2987

Fl. Wegner ~~Magdeburger Platz 3~~

Kurfürstenstr. 76

Westend-Klause ~~Westend~~ Heerst. 5634

Walton Carlyle Sqr. (Chelsea) S.W.3.

Tel. Flaxman 8996

Weingärtner Kurfürst 1942

Weiss Kitti Pfalzbg 8025

W

Wolfsfeld Laubenheimer Pl. 1

Wagner 0617

Wertheim Antiqu. (Albrecht)

Flora 5566

Weissenborn Cornelius 3080

Wolf Luise Bismarck 5451

Wilhelm Rudi Hohenschönhausen

Berlinerstr. 75

Waldorf Leibnitzstr 43

Bism. 1638

~~Warnecke~~

~~Kurfürstenstr. 42~~

~~Lützow 3347. B2~~

<u>Wekke</u> A 1 4372

~~Dr. Wessel~~

~~Kaiserdamm 4a~~

<u>Wachschutz</u>

H 3/4200 / 9142

Zech Dr. Stefan 1307

Zuckmayer Stefan G 1 1778
Am Park 18

Zuckmann Schillerstr. 72
Neu-Westend / Laube 6

Die Reihenfolge im Kommentarteil folgt der nicht immer streng alphabetischen Reihung in Hindemiths Adreßbuch. Fehlerhafte Schreibweisen wurden beibehalten. Die angegebenen Adressen wurden um die heutigen Straßennamen ergänzt.

Mit Mitgliedern des Amar-Quartetts 1925 bei der Kaffee-Pause in Donaueschingen, ganz links sitzt Hindemiths Schwager Hans Flesch, rechts neben Hindemith Yvonne Georgi, links neben Hindemith Gertrud Hindemith, ganz rechts Rudolf Hindemith

ANTHEIL, GEORGE | George Antheil (8. Juli 1900 Trenton bis 17. Februar 1959 New York), Komponist und Pianist. Antheil reiste in den 20er Jahren als Konzertpianist durch Europa und lebte bis 1933 in Paris, Berlin und Wien. Spätestens beim Baden-Badener Musikfest 1927 lernte er auch Hindemith kennen, der als Mitglied des Programmausschusses mitverantwortlich dafür war, daß Antheils Komposition *Ballet mécanique* dort aufgeführt wurde. Antheil lebte seit 1936 als Komponist von Filmmusik, Kritiker und Kolumnist in Los Angeles, wo Hindemith ihn 1939 wiedertraf. Am 5. November 1945 schrieb er an Hindemith: ›Es ist sonderbar, Paul, aber wahres musikalisches Verstehen ist, wie ich befürchte, erst spät in meinem Leben auf mich gekommen. Aber besser spät als nie. Doch nun, da ich es habe, verstehe ich Deine große Gestalt als Musiker dieser großen Zeiten, und ich begann mich schwarz zu ärgern, daß ich mir damals, als ich die Gelegenheit dazu gehabt hätte, Deine größere Könnerschaft nicht zunutze gemacht habe. Doch jetzt kenne ich Deine Musik, und durch sie auch Dich. Ich glaube, Du gehörst zu den allergrößten!‹

✉ **12 Rue de l'Odéon, Paris**

GRETE ADICKES | Grete Adickes gehörte zur Familie von Franz Adickes (19. Februar 1846 Harsefeld bei Stade/Hannover bis 4. Februar 1915 Frankfurt), dem langjährigen Oberbürgermeister von Frankfurt/Main. Seine älteste Tochter Theodore Rottenberg (siehe Eintrag) war Gertrud Hindemiths Mutter.

✉ **Volkshochschule Colborn in Lüchow**

AMAR | Licco Amar (4. Dezember 1891 Budapest bis 19. Juli 1959 Freiburg i. Br.), Geiger. Amar studierte in Berlin und war ab 1915 Konzertmeister der Berliner Philharmoniker, 1920 wechselte er zum Orchester nach Mannheim. Anläßlich der ersten ›Donaueschinger Kammermusik-Aufführungen zur Förderung zeitgenössischer Tonkunst‹ im Jahr 1921 wurde er gebeten, bei der Uraufführung von Paul Hindemiths *3. Streichquartett* op. 16 mitzuwirken. Über seine erste Begegnung mit Hindemith berichtet er: ›Groß war mein Erstaunen,

als ich zu der festgesetzten Zeit nach Donaueschingen kam und dort von zwei schmächtigen, eigentlich kindlich aussehenden jungen Leuten am Bahnhof empfangen wurde. Der eine war Paul Hindemith, und der andere war sein Bruder Rudolf, der den Cellopart in diesem Quartett übernahm. Die beiden, die so schmächtig aussahen, bemächtigten sich meines Koffers – ich sehe noch heute dieses Bild – und schleppten ihn fort. Wir gingen in ein Hotel. In acht Tagen haben wir dann dieses Quartett hübsch einstudiert, wobei sich die beiden Brüder Hindemith als ganz ungewöhnliche Quartettpartner erwiesen. Die Aufführung wurde – kurz gesagt – ein donnernder Erfolg.‹
Aus der ad hoc zusammengestellten Formation bildete sich im Sommer 1922 das Amar-Quartett mit Licco Amar (1. Geige), seinem Mannheimer Kollegen Walter Caspar (2. Geige), Paul Hindemith (Bratsche) sowie Maurits Frank und Rudolf Hindemith, die sich als Cellisten abwechselten. In dieser Besetzung blieb das Quartett bis 1929 zusammen und wurde zu einem der erfolgreichsten Ensembles der 20er Jahre. Amar emigrierte 1933 und war ab 1935 Lehrer am Konservatorium in Ankara: ›Hier gibt es eine Welt aufzubauen, eine einzigartige Gelegenheit‹ – schrieb er 1935 an seinen Freund Paul Hindemith und warb ihn für eine Tätigkeit in der Türkei. 1957 kehrte er nach Deutschland zurück und übernahm eine Professur an der Musikhochschule in Freiburg.

AKADEMIE | Die ›Königliche Preußische Akademie der Künste‹ in Berlin wurde 1696 gegründet. Paul Hindemith war 1927 zum Mitglied ernannt worden und blieb es trotz seiner Emigration bis 1945. Mit Auflösung des Preußischen Staates wurde auch die Akademie 1945 zunächst aufgelöst und in den folgenden Jahren in beiden deutschen Staaten wiedergegründet. Paul Hindemith wurde 1956 – wegen seiner inzwischen angenommenen amerikanischen Staatsangehörigkeit – außerordentliches Mitglied der in West-Berlin 1955 neu gegründeten Akademie der Künste (heute: Hanseatenweg 10 in Berlin-Tiergarten). Mit der Frage: ›Wollen wir wirklich Paul Hindemith von der Mitgliederversammlung ausschließen???‹ forderte Heinz Tiessen

Das Amar-Quartett mit Igor Strawinsky (2. von rechts) 1924 in Amsterdam

Der um die Jahrhundertwende erbaute Reichskanzlerplatz wurde 1933 in Adolf-Hitler-Platz umbenannt .

Heute: Theodor-Heuss-Platz.

Das Gebäude der Preußischen Akademie der Künste am Pariser Platz wurde im Krieg zerstört.

1963 die Aufhebung der außerordentlichen Mitgliedschaft für frühere Emigranten in der West-Akademie. Im Jahr zuvor war dort Paul Hindemiths Oper *Das lange Weihnachtsmahl* unter musikalischer Leitung des Komponisten aufgeführt worden. Die beiden Akademien wurden 1993 durch einen Staatsvertrag wieder vereinigt.

✉ **Pariser Platz 4 in Berlin-Mitte**

ADLER KONZERTD. | Die Konzertdirektion Hans Adler wurde 1918 gegründet und befand sich zunächst in der Münchener Straße 3 im Bayrischen Viertel. 1928 zog sie an den Bayrischen Platz um. Das Gebäude wurde im Krieg zerstört. Die Konzertdirektion wurde am 1. Januar 1946 wieder eröffnet und besteht noch heute unter Leitung des Sohnes, Witiko Adler. Die Inschrift auf der Zeichnung deutet darauf hin, daß Hindemith dort ›Freikarten‹ für Konzerte in Berlin erhielt.

✉ **Speyererstraße 12 in Berlin-Schöneberg**

APOTHEKE A. REICHSK. PL | Inhaber der Apotheke war in den 30er Jahren der Stabsapotheker a. D. S. Paczkowski. Der Reichskanzler-Platz, der im Zuge der Erbauung des Wohngebietes Westend 1904 bis 1908 entstand, wurde am 21. April 1933 in Adolf-Hitler-Platz umbenannt. Auch die Apotheke änderte damit 1933 ihren Namen in ›Apotheke am Adolf-Hitler-Platz‹. 1945 erfolgte die Rückbenennung in Reichskanzler-Platz, seit 1963 heißt er Theodor-Heuss-Platz. Die Apotheke existiert dort heute nicht mehr.

✉ **Reichskanzler-Platz 6 (heute: Theodor-Heuss-Platz) in Berlin-Westend**

ALBINGIA | Unter der angegebenen Nummer der ›Albingia-Versicherungs-AG‹ meldete sich die Abteilung für Unfall-, Haftpflicht-, Glas- und Kraftwagen-Versicherung.

✉ **Wilhelmstraße 148 in Berlin-Mitte**

ADLER AUTO | Gemeint ist die Vertretung der Adlerwerke ›vormals Heinrich-Kleyer-A.G.‹ in Berlin, die ›Adler‹-Motorwagen verkaufte. Das Auto chauffierte meist Gertrud Hindemith, Paul Hindemith mach-

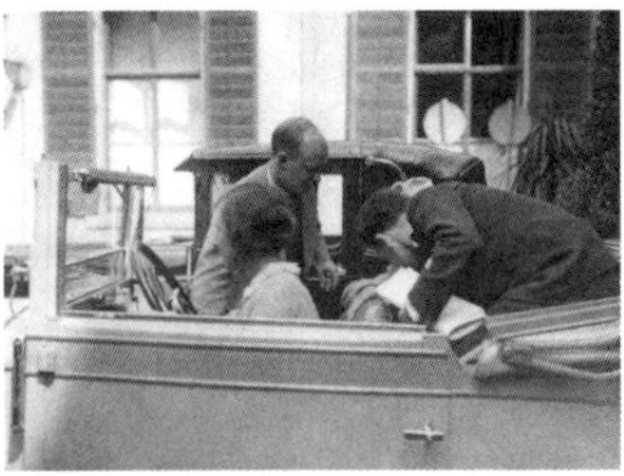

Den ›Adler‹-Wagen chauffierte meist Gertrud Hindemith, hier in Baden-Baden. Paul Hindemith machte erst 1929 seinen Führerschein.

Der Anhalter Bahnhof in Berlin-Kreuzberg kurz nach seiner Fertigstellung 1880

te erst 1929 in Berlin seinen Führerschein: ›Heute früh habe ich wieder meinen täglichen Alexanderplatz absolviert mit erschwerenden Fahrten durch den Markthallenbetrieb bei der Lindenstraße. Es ging alles ohne nennenswerte Fehler, ich bin gewandt gefahren und selbst der gestrenge Herr Hölzer war gnädig‹, schreibt er am 1. Juli 1929 an seine Frau.

✉ **Belle-Alliance-Straße 6 (heute: Mehringdamm) in Berlin-Kreuzberg**

AUSKUNFT ANHALTER | Der Anhalter Bahnhof wurde 1839 als Endbahnhof der Sächsischen Eisenbahn erbaut und 1876 bis 1880 durch einen Neubau nach Entwürfen von Franz Schwechten ersetzt. Unter der Telefonnummer erreichte man – von 7 bis 23 Uhr – die Zugauskunft am ›Personen-Bahnhof‹ des Anhalter Bahnhofs. Das gewaltige Gebäude mit einer 170 m langen Halle wurde im 2. Weltkrieg teilweise zerstört und 1959/1960 bis auf den heute denkmalgeschützten Portikus abgerissen.

✉ **Askanischer Platz 6 in Berlin-Kreuzberg**

ARMHOLD-DOMSCHEID | Adelheid Armhold (geboren 4. März 1900), Konzertsängerin. Am 21. November 1931 sang sie unter der Leitung von Otto Klemperer die Sopranpartie bei der Uraufführung von Paul Hindemiths Oratorium *Das Unaufhörliche*. Auch bei der englischen Erstaufführung am 22. März 1933 in London wirkte sie mit. ›Die Kuh Armhold tauchte auch auf und wurde im Anschluß an die Probe vom Sir Henry [d.i. Sir Henry Wood] auf englischen Text dressiert‹, schrieb Hindemith am 20. März 1933 aus London an seine Frau.

✉ **Rosenheimerstraße 16 in Berlin-Schöneberg**

D.R.A.C.-AUTOCLUB | Der Deutsche Reichs-Auto-Club e.V. befand sich in der Hardenbergstraße 18 in Berlin-Charlottenburg.

ASCHER | Das Konfitürengeschäft ›Ascher-Kleemann's Bittere Schokolade‹ befand sich 1932 in der Uhlandstraße 27 in Berlin-Wilmersdorf – dazu gehört die später von Hindemith durchgestrichene Telefonnummer. 1933/34 zog der Laden nach Charlottenburg um und erhielt den Namen ›Ascher E. & Co.‹, ab 1937 ›Aschers Bittere Schokolade‹.Dazu gehörte die ›Ascher E. & Co.Importgesellschaft‹ in der Obentrautstraße 33. Das Geschäft wurde von Else Ascher geleitet. 1939 steht sie nicht mehr im Berliner Telefonbuch.

✉ **Adresse der Wohnung 1934: Meierottostraße 5 in Berlin-Wilmersdorf. Adresse des Ladens ab 1933/34: Reichsstraße 3 in Berlin-Westend. Unter der heutigen Hausnummer 2 findet sich dort noch immer ein Schokoladen-Laden.**

ARNTZENIUS | Louis M. G. Arntzenius, Besitzer und Feuilletonchef des Amsterdamer ›Telegraaf‹. Er war seit 1932 verheiratet mit der Tänzerin Yvonne Georgi (20. Oktober 1903 Leipzig bis 25. Januar 1975 Hannover). Yvonne Georgi hatte in Dresden-Hellerau am Dalcroze-Institut und bei Mary Wigman studiert und war unter anderem 1925 in Hindemiths Ballett *Der Dämon* op. 28 am Reussischen Theater in Gera aufgetreten. Mit dem Ehepaar Hindemith war sie seit den 20er Jahren befreundet. Hindemith, der am 14. November 1935 in Amsterdam mit dem Concertgebouw Orchestra sein Bratschenkonzert *Der Schwanendreher* unter der Leitung von Willem Mengelberg aufführen wollte, erhielt am 1. November 1935 von ihr die Einladung: ›Amsterdam wartet auf Euch – aber leider ohne mich. Ich fahre am 7. Nov. mit dem Hapagdampfer ›Deutschland‹ ganz allein nach New York. Mir ist schon ganz wehmütig. Jedenfalls bleibt Louis, was mein Mann ist, in Amsterdam. Euch steht also mit viel Freude von seiner Seite unser Haus zur Verfügung. Sei es zum Wohnen – Essen – Schlafen – Trinken – Probieren. – Bitte schreibt, was Ihr wollt.‹

✉ **Gabriel Metsustraat 11 in Amsterdam**

APFEL | Das ›Wäsche-Atelier‹ für Damenwäsche von Dora Apfel befand sich in der Stübbenstraße13 in Berlin-Wilmersdorf. Sie ist mit gleicher Privatadresse 1931 auch im ›Jüdischen Adreßbuch von Groß-Berlin‹ verzeichnet. 1939 steht sie nicht mehr im Telefonbuch.

AMELANG | Die ›Amelang'sche Buch- und Kunsthandlung (Eggers & Benecke)‹ wurde 1806 gegründet. Seit 1902 befand sich das von

Die Buchhandlung Amelang
in der Kantstraße 164 in Berlin-
Charlottenburg existiert nicht mehr.

Henry Benecke und Georg Eggers geleitete Geschäft in der Kantstraße direkt an der Gedächtniskirche. Zur Buchhandlung gehörte auch eine Leihbücherei mit bis zu 60 000 Titeln und ein kleiner Verlag, in dem u.a. 1905 der Gedichtband ›Der siebente Tag‹ von Else Lasker-Schüler erschien. Henry Benecke, der mit einer jüdischen Frau verheiratet war, wurde 1936 vorübergehend verhaftet, nach dessen Tode übernahm sein als ›nichtarisch‹ geltender Sohn Hans Benecke die Leitung; er konnte das Geschäft mit einer Sondergenehmigung fortführen. In der Leihbücherei wurden an zuverlässige Kunden auch verbotene Bücher ausgeliehen, die Buchhandlung versorgte ihre Kunden – unter ihnen viele spätere Emigranten – mit Wörterbüchern, Reiseführern und ausländischer Literatur. Der Laden wurde 1944 zerstört, das Geschäft konnte jedoch in den Räumen der Leihbücherei bis Kriegsende fortgeführt werden und wurde bereits im Juni 1945 wieder eröffnet. 1948 verlegte Hans Benecke die ›Amelang'sche Kunst- und Buchhandlung‹ nach Frankfurt/Main.

✉ **Kantstraße164 in Berlin-Charlottenburg**

ARNDT | Unter dieser Telefonnummer erreichte man die Witwe Martha Arndt. 1939 steht sie nicht mehr im Berliner Telefonbuch.

✉ **Reichsstraße 106 in Berlin-Westend**

ARBEITSAMT | Gemeint ist das Arbeitsamt Berlin-West. Zu der angegebenen Telefonnummer gehörte die Vermittlungsstelle für ›ungelernte weibliche Arbeiterinnen und Hauspersonal‹.

✉ **Bismarckstraße 50/51 in Berlin-Charlottenburg**

AUSHILFEN | Frau Bitow durch Martha

✉ **Schillerpromenade 9 in Berlin-Neukölln**

Erna v. Ernsts und Frieda Riedel

✉ **Rostocker Straße 5 in Berlin-Moabit**

BRUST | Karl Friedrich Brust war Kunstmaler und Graphiker. 1939 trägt er im Telefonbuch die Berufsbezeichnung ›Schriftleiter und

Kunstmaler‹. In seinem Hause wurde am 15. Dezember 1934 die Hochzeit von Erika und Rudolf Heinisch (siehe Eintrag) gefeiert, bei der Paul Hindemith als Trauzeuge fungierte.

✉ **Bonner Straße 6 in Berlin-Wilmersdorf**

AZIZ | Der türkische Student Enver Aziz studierte Ingenieurwissenschaften an der Technischen Hochschule Berlin. Er fungierte möglicherweise als Kontaktmann zur Türkei – als Nachfolger von Cevat Dursunoglu in der ›Inspektion türkischer Studenten‹ (siehe Eintrag) in Deutschland.

✉ **Hardenbergstraße 4 in Berlin-Charlottenburg**

Bertolt Brecht, Kurt Weill
und Hans Flesch (v.l.n.r.)
1929 beim Musikfest
in Baden-Baden

BRECHT | Bertolt Brecht (10. Februar 1898 Augsburg bis 14. August 1956 Berlin), Schriftsteller. Hindemith suchte bereits 1924 die Zusammenarbeit mit Bertolt Brecht. 1929 wurde Brechts ›Lehrstück‹ mit der Musik Paul Hindemiths in Baden-Baden in der Regie Brechts uraufgeführt. 1930 kam es zum Konflikt zwischen dem Autor und dem Komponisten, als Hindemith seine Zustimmung verweigerte, Brechts Lehrstück ›Die Maßnahme‹ (mit der Musik von Hanns Eisler) im Rahmen des Musikfestes ›Neue Musik Berlin 1930‹ in der Musikhochschule aufzuführen. 1933 emigrierte Brecht zunächst nach Skandinavien. Ende 1934 schrieb er – in einem dann nicht abgesandten Briefentwurf – warnend aus dem dänischen Exil an Paul Hindemith in Berlin: ›Ob Sie es wollen oder nicht, Sie können eine Musik, wie sie in Hitlerdeutschland verlangt wird, nicht schreiben.[…] Sie können die Hand zum Hitlergruß erheben – dazu kann man Sie vielleicht zwingen – aber in dem Augenblick, wo Sie den Taktstock erheben, wird die Konkurrenz auf dem Posten sein, und sie wird die Polizei mitbringen. Die Musik ist keine Arche, auf der man die Sintflut überdauern kann.‹ Über die Sowjetunion gelangte Brecht 1941 in die USA. Nach Verhören durch den McCarthy-Ausschuß kehrte er 1948 nach Ost-Berlin zurück und gründete zusammen mit der Schauspielerin Helene Weigel das ›Berliner Ensemble‹, das er bis zu seinem Tode leitete.

✉ **Adresse 1929 (hierzu gehörte die angegebene Telefonnummer): Spichernstraße 16 in Berlin-Wilmersdorf; letzte Adresse bis 1933: Hardenbergstraße1a in Berlin-Charlottenburg**

BERTEA | Unter der angegebenen Adresse wohnte im III. Stock die Zimmervermieterin Josefine Kuhn.

✉ **Adresse 1931: Bettinastraße 27 in Frankfurt/Main**

BERANECK | Anton Beraneck war Schneider in der Brunnenstraße 16 in Berlin-Wedding. Ab 1937 steht er nicht mehr im Berliner Telefonbuch.

Gertrud und Paul Hindemith 1932
mit Alfi in der Wohnung am
Sachsenplatz 1 in Westend

BOLTEN, B. | Die Firma ›Bolten & Baeckers H.‹ hatte die Generalvertretung für die ›Lignosefilm GmbH‹.

✉ **Lindenstraße 32–34 in Berlin-Kreuzberg**

PROF. BRACHT | Prof. Dr. Bracht war Frauenarzt und ›Dirig. Arzt‹ an der gynäkologischen Abteilung des Cecilien-Krankenhauses.

✉ **Joachimsthaler Straße 21 in Berlin-Charlottenburg**

BENGSCH | Ottilie Bengsch wohnte in der Nettelbeckstraße 6 (heute: An der Urania) in Berlin-Charlottenburg.

BÖRSENCOURIER | Der ›Berliner Börsen-Courier‹ war eine Tageszeitung mit anspruchsvollem Feuilleton. Zu den Musikkritikern des Blattes gehörte Heinrich Strobel (siehe Eintrag), der sich dort sehr für Hindemiths Musik einsetzte. Paul Hindemith antwortete 1923 auf den Wunsch der Redaktion, ihn als Autor zu gewinnen: ›Lieber Börsen-Courier, ich habe so furchtbar viel zu tun, daß ich nicht dazu komme, Ihrem Wunsch nach einem Aufsatze über die moderne Oper zu entsprechen – selbst wenn ich den besten Willen dazu hätte! Aber an dem fehlt's auch; ich schreibe lieber Noten als Buchstaben (diese nur in Fällen dringender Gefahr!), zumal am Ende der Saison. Was von mir an Schrift das Tageslicht erblickt, dürfte auch von so geringer Bedeutung sein, daß es vollkommen verfehlt wäre, die Öffentlichkeit damit zu langweilen.‹

DR. BREMNER | Dr. Hans Bremner war Zahnarzt. Er wohnte in der Brandenburgischen Straße 70 in Berlin-Wilmersdorf. Bremner war Schüler und Assistent des Kieferchirurgen Dr. Franz Ernst (siehe Eintrag), eines Mäzens von Paul Hindemith. Direkt gegenüber seiner Praxis, im sog. ›Sächsischen Palais‹, befand sich das ›Sprechzimmer der Roten Kapelle‹, die Praxis von Dr. Elfriede Paul (1900– 1981), in der sich führende Mitglieder der Widerstandsgruppe ›Rote Kapelle‹ trafen.

✉ **Adresse der Praxis: Sächsische Straße 12 in Berlin-Wilmersdorf**

BOLLERT | Dr. Gerhard Bollert war als Justizrat Paul Hindemiths persönlicher Rechtsbeistand und vertrat ihn unter anderem in dem Rechtsstreit mit der Berliner Musikhochschule bzw. dem Land Preußen über Hindemiths Anspruch auf einen Wohnungszuschuß zur Anmietung der Vier-Zimmer-Wohnung am Sachsenplatz (heute: Brix-Platz) in Berlin-Charlottenburg: ›Trotzdem die Wohnung klein und bescheiden ist, würde Herr Prof. Hindemith sich doch mit den Räumen abfinden, da er in dem Atelier ungestört musizieren könnte.‹ Hindemith hatte um einen Zuschuß in Höhe von zwei Jahresmieten (das waren damals 5 000 RM/Jahr) gebeten, die er dem Eigentümer, der Westender Wohnungsbaudynastie Schrobsdorff, im voraus zu zahlen hatte. Nachdem das preußische Kultusministerium ihm lediglich 2500 RM bewilligte, riet ihm Bollert – ›nach Rücksprache mit Kestenberg‹ – zur Kündigung an der Musikhochschule. Daraufhin bewilligte das Ministerium eine Erhöhung des Zuschusses auf 5500,– RM, Hindemith mietete die Wohnung am Sachsenplatz ab 1. November 1928.

✉ **Kanonierstraße 40, Privatwohnung: Berliner Straße 25 (heute: Straße des 17. Juni) in Berlin-Charlottenburg**

BECK | Walter Beck (geboren am 10. Juni 1890 in Magdeburg) war Generalmusikdirektor des Städtischen Orchesters in Magdeburg, mit dem Hindemith des öfteren musizierte: Am 9. Januar 1933 wirkte er bei einem Konzert unter Becks Leitung als Solist mit der Bratsche mit. Auf dem Programm stand neben Werken von Gottfried Heinrich Stölzel, Antonio Vivaldi und Peter Tschaikowski auch Paul Hindemiths *Konzertmusik für Solobratsche und größeres Kammerorchester* op. 48.

ALFR. BRUST | Alfred Brust (15. Juni 1891 Insterburg bis 18. September 1934 Cranz/Ostpreußen), Schriftsteller. Brust arbeitete zunächst als Journalist in Annaberg. Nach dem Ersten Weltkrieg ließ er sich als Schrifsteller in Cranz nieder. Hindemith nahm vermutlich auf der Suche nach einem Opern-Libretto mit ihm Kontakt auf.

✉ **Elchallee, Cranz in Ostpreußen**

FRIEDEL BRAUN | Alfred Braun (3. Mai 1888 Berlin bis 3. Januar 1978 Berlin), Schauspieler und Sprecherzieher. Der ›Radiopionier‹ Alfred Braun war seit 1923 Autor und Sprecher beim Berliner Rundfunk (siehe Eintrag) sowie bis 1933 Redakteur der ›Berliner Funkstunde‹ (siehe Eintrag). Im August 1933 wurde er im KZ Oranienburg zusammen mit Hindemiths Schwager Hans Flesch (siehe Eintrag) inhaftiert. Er emigrierte 1934 in die Schweiz und wurde 1937 durch Vermittlung Carl Eberts (siehe Eintrag) Lehrer am Konservatorium in Ankara. 1939 kehrte er nach Berlin zurück, nach seiner Rehabilitierung arbeitete er an NS-Propagandafilmen mit. ›Ich werde jetzt keinen deutschen Sender mehr einstellen, es könnte passieren, daß ich den schönen Apparat meines Schwiegervaters zertrümmere, wenn ich Alfreds sonores Organ den frischfröhlichen Krieg verherrlichen höre‹, schrieb Carl Ebert verbittert über Brauns Rückkehr am 23. September 1939 an Ernst Reuter. Nach dem Krieg war Alfred Braun von 1954 bis 1957 Intendant des Senders Freies Berlin.

✉ **Adresse 1934: Große Seestraße 39–41 in Berlin-Wannsee**

BAUGESELLSCHAFT | Die ›Baugesellschaft Binger Straße GmbH‹ war vermutlich auch für das Wohnhaus Hindemiths am Sachsenplatz 1 zuständig. Besitzer des Häuserkomplexes und Vermieter war die Familie Schrobsdorff, der noch heute viele Häuser in Berlin-Westend gehören.

✉ **Sachsenplatz 7 (heute: Brix-Platz) in Berlin-Charlottenburg**

BÖHME | W. Böhme trägt die Berufsbezeichnung ›Bücherrevisor‹. 1939 steht er nicht mehr im Berliner Telefonbuch

✉ **Belle-Alliance-Straße 21 (heute: Mehringdamm) in Berlin-Kreuzberg**

BAUSCH | Der Dipl.-Ing. Victor Bausch wohnte in der Hessenallee 11 in Berlin-Westend

FR. BIESTER | Fr. Biester wohnte in der Laubenkolonie ›Wochenend‹, Haus 26, an der Spandauer Chaussee (heute: Spandauer Damm) in Berlin-Charlottenburg.

Picknick mit
dem Schriftsteller
Gottfried Benn,
1932

BENN | Dr. med. Gottfried Benn (2. Mai 1886 Mansfeld bis 7. Juli 1956 Berlin), Arzt und Schriftsteller. Paul Hindemith hat mehrere Texte Benns vertont, so 1929 ›Fürst Kraft ruft‹, ›Du mußt dir alles geben‹ und ›Vision des Mannes‹. 1931 schrieb Benn das Libretto zu Hindmiths Oratorium *Das Unaufhörliche*. Die bereits begonnene Zusammenarbeit an einem Opernprojekt scheiterte 1932/33. Benn begrüßte 1933 die Machtübergabe an die Nationalsozialisten in seiner Rundfunkrede ›Der neue Staat und die Intellektuellen‹ als ›Völkische Erneuerung‹; Hindemith kommentierte in einem Brief an seine Frau am 25. Mai 1933 die Haltung des ›Leibhautundharnpoeten‹ Benn: ›Zur Unterhaltung schicke ich Dir hier die neue Rede unseres Heimchen am Herd Jottfried. Den scheint's ja wirklich ganz arg gepackt zu haben. [...] Ganz schön, aber von hier bis zum Bruderkuss hätte er eine etwas langsamere Windeseile einschalten können.‹ Hindemiths kümmerten sich in diesen Jahren um Benns Tochter Nele (siehe Eintrag). 1935 ließ Benn sich freiwillig als Militärarzt reaktivieren. 1938 wurde er aus der Reichsschrifttumskammer und auch aus dem Ärztebund ausgeschlossen. Nach 1945 arbeitete er wieder als Arzt in Berlin.

✉ **Adresse der Praxis: Belle-Alliance-Straße 12 (heute: Mehringdamm) in Berlin-Kreuzberg; Adresse der Wohnung: Bozener Straße 1 im Bayrischen Viertel in Berlin-Schöneberg**

BACHARACH | Oscar Bacharach führte ein Geschäft für Damenbekleidung und Pelze.

✉ **Adresse 1930: Roßmarkt 15 in Frankfurt/Main**

DR. BÖTTCHER | Dr. Hans Boettcher (26. März 1903 Stuttgart bis 2. Mai 1945 Berlin), Musikforscher und Musikpädagoge. Er war ab 1926 Leiter der Volksmusikschule in Berlin-Neukölln und stand seit 1927 dem ›Reichsverband deutscher Tonkünstler und Musiklehrer e.V.‹ vor. 1934 ging er als stellvertretender Direktor an das Berliner Sternsche Konservatorium. Gemeinsam mit Fritz Jöde (siehe Eintrag) gab er 1930/31 die ›Arbeitsblätter für soziale Musikpflege und Musik-

Gertrud Hindemith, genannt ›Pushu‹, in der Berliner Wohnung, 1932

Gertrud und Paul Hindemith, 1934

Nele Benn, die Tochter des Schriftstellers Gottfried Benn, die gelegentlich mit den Hindemiths verreiste

politik, Musik und Gesellschaft‹ heraus, die zu den damals interessantesten, fortschrittlichsten und niveauvollsten Zeitschriften ihrer Art gehörte. Hindemith lernte Boettcher persönlich erst 1927, nach seiner Übersiedlung nach Berlin kennen und freundete sich mit ihm an. Gemeinsam übten sie sich im Sprechen und Schreiben der lateinischen Sprache. Nach Hindemiths Emigration standen sie in Briefkontakt: ›Wann werden wir uns wiedersehen?‹, schrieb Hindemith am 25. März 1941 aus dem amerikanischen Exil, ›Sie schreiben so vertrauensvoll, daß es bald sein würde. Ich bin nicht ganz so zuversichtlich. Seit unserem letzten Zusammentreffen hat sich die Welt ziemlich geändert. Ich hoffe, daß sie bis zu unserem nächsten Zusammentreffen sich abermals, und mindestens ebenso gründlich geändert haben wird!!‹

✉ **Spandauer Straße 139 in Berlin-Zehlendorf, im Telefonbuch 1934: Onkel-Tom-Straße 139 in Berlin-Zehlendorf**

BUSCHU | ›Pushu‹ war einer der zahlreichen Kosenamen Hindemiths für seine Frau Gertrud.

BASHGAFF, OBERST | Mit ›Oberst Washgaff‹ ist Gertrud Hindemith gemeint.

BÖTTCHER | Mit einem Herrn Böttcher in Hamburg, der nicht identisch ist mit Dr. Hans Boettcher (siehe Eintrag), war Hindemith offenbar befreundet: Wie er am 29. März 1930 in seinem Taschenkalender vermerkte, unternahm er mit ihm während eines Aufenthaltes in Hamburg eine Hafenrundfahrt.

✉ **Tickstraße 3 in Hamburg-Altona**

NELE BENN | Nele Benn (geboren 8. September 1915), Journalistin. Die Tochter des Schriftstellers Gottfried Benn (siehe Eintrag) lebte seit April 1923 bei dem kinderlosen dänischen Ehepaar Ellen und Christen Overgaard in Kopenhagen. Ellen Overgaard war Wagner-Sängerin und mit Benn befreundet. Dr. h.c. Christen Overgaard widmete Gottfried Benn 1933 die gedruckte Fassung seiner Rundfunkrede ›Der neue Staat und die Intellektuellen‹. Über die Freundschaft zu Hindemiths berichtete Nele Benn später: ›Um meinem Vater eine Freude zu machen und *Das Unaufhörliche* zu fördern, luden Gertrud und Paul Hindemith mich im Sommer 1931 ein, mit ihnen durch Deutschland zu fahren. Sie waren auf dem Weg nach Bad Tölz, wo sie Ferien machen wollten und ein Turnlehrer sie erwartete, um mit ihnen zu trainieren. [...] Ich war gerade in dem Alter, wo Mädchen immer und zuviel lachen. Ich glaube, daß ich für Paul Hindemith, vor dem ich einen Heidenschrecken, einen liebevollen Schrecken hatte, eine wirkliche Zumutung war. Gertrud Hindemith lachte auch viel und gerne, und ich erinnere mich an unser vieles Lachen während unserer Fahrt.‹

✉ **bei Overgaard, Skovshoved Charlottenlund Söbakken 9**

DR. BEWERT | Dr. Fritz Bewert war Mathematiker und Volkswirt. Möglicherweise nahm Hindemith bei ihm Unterricht in Mathematik. Hindemith erinnert sich an den Berliner Mathematiker bei seiner Begegnung mit der italienischen Cembalistin Corradina Mola 1935 in Turin: ›Ihr genaues Alter ist nur mit Hilfe von Bewert's Logarithmentafel festzustellen.‹ 1939 steht Bewert nicht mehr im Berliner Telefonbuch.

✉ **Wielandstraße 48 in Berlin-Charlottenburg, im Telefonbuch 1934: Krumme Straße 70 in Berlin-Charlottenburg**

B. BLOGG | Direktor Bernhard Blogg (geboren 28. Januar 1878 in Hamburg), Kaufmann. Blogg war Buchgroßhändler u.a. für das Lexikon ›Der große Brockhaus‹ und hatte seine ›Reise- und Versandbuchhandlung‹ in der Dahlmannstraße 12 in Berlin-Charlottenburg. 1931 ist er auch im ›Jüdischen Adreßbuch von Groß-Berlin‹ verzeichnet. Das Geschäft wurde 1936 ›arisiert‹. Der neue Besitzer denunziert die Familie 1941 bei der Gestapo Berlin: ›Es existiert noch ein Sohn Edgar, der etwa 26 Jahre alt ist und sich ebenfalls bei seinem Bruder Heinz in Amsterdam aufhält und mit diesem gemeinsam eine Konfektionsfirma für

Damenmäntel betreibt.‹ Blogg emigrierte zusammen mit seiner Frau Henny geb. Moses und dem Sohn Heinz im selben Jahr nach Prag in die Tschechoslowakei und von dort nach Amsterdam. Aufgrund des ›Gesetzes über den Widerruf von Einbürgerungen und die Aberkennung der deutschen Staatsangehörigkeit vom 14. Juli 1933‹ wurde die Familie Blogg ausgebürgert. Die Ausbürgerung wurde mit Bekanntmachung im Deutschen Reichsanzeiger vom 15. November 1939 wirksam. Die Witwe Henny Blogg lebte nach dem Krieg in Amsterdam.

✉ **Letzte Adresse vor der Emigration: Brandenburgische Straße 20 in Berlin-Wilmersdorf**

BÜLLER | Elinor Büller war Schauspielerin. 1939 steht sie nicht mehr im Berliner Telefonbuch.

✉ **Klingsorstraße 68 in Berlin-Steglitz**

BRENDEL

BERG, ALBAN | Alban Berg (9. Februar 1885 Wien bis 24. Dezember 1935 Wien), Komponist. Schüler Arnold Schönbergs in Wien. Seine Oper *Wozzeck* wurde 1925 in Berlin uraufgeführt. Als Hindemith sich im Mai 1933 aus Anlaß des Brahms-Festes in Wien aufhielt, traf er auch mit Berg zusammen, der darüber seiner Frau Helene berichtete: ›[…] ich brachte Hindemiths ins Hotel. Kaum am Weg, von Grinzing weg, begann ein Wolkenbruch mit Donner und Hagel, wie ich ihn im Auto noch nie erlebte. Hindemith am Notsitz war in zwei Sekunden eine gebadete Maus.‹ Von einer Unterredung wenige Tage später schrieb Berg: ›Bei Tisch fragte mich plötzlich Hindemith: ›Warum kommen Sie eigentlich nicht zu uns in die Musikhochschule?‹ Ich:??? Er: ›Wollen Sie nicht?‹ Ich: ›O ja!‹ Er: ›Das läßt sich vielleicht machen!‹ Ich: ›Mit der Art Musik, die ich mache?‹ Er: ›Warum nicht?‹ […] Selbst wenn wir nicht daran denken, so einen Antrag anzunehmen (obwohl er jetzt, wo S[chönberg] nicht mehr in Berlin sein dürfte, viel diskutabler als früher wäre), wäre es ein kolossaler Triumph für mich […]. Von diesem Berliner Antrag (bzw. Plan dazu) darf aber einstweilen

Alban Berg, Alois Haba, Paul Hindemith,
Hermann Scherchen (stehend), 1923/24

niemand etwas wissen. Jedenfalls werd' ich Hindemith noch einmal allein treffen und vielleicht Näheres besprechen. (Gestern war ja Wellesz dabei.) Ich sprach mich ganz gut mit ihm, und sie ist auch ganz sympathisch [...].‹ Nur anderthalb Jahre später starb Berg an einer Blutvergiftung, seine Werke wurden im nationalszialistischen Deutschland als ›entartet‹ verfemt, ihre Aufführung verboten.

BECK

V. BRANDENSTEIN

V. D. BERG | Mauritius van den Berg war Konzertmeister und wohnte 1932 in der Eichenallee 48 in Berlin-Westend.

FRL. BÖHM | Der Vater von ›Frl. Böhm‹ war der Sanitätsrat Dr. Hugo Böhm, ein praktizierender Arzt.
✉ **Hauptstraße 11 in Berlin-Steglitz**

BERUFSSTAND DEUTSCH. KOMPON.

BRUST | (siehe Eintrag unter A)

BOTSCHAFT ITALIENISCHE | Die Italienische Botschaft mit Kanzlei und Palais befand sich in Berlin-Tiergarten. Über die Atmosphäre dort nach 1933 berichtet Berta Geissmar (siehe Eintrag), die Assistentin von Wilhelm Furtwängler (siehe Eintrag): ›Es ist leicht begreiflich, daß die Atmosphäre in den ausländischen Vertretungen am längsten unangetastet blieb. Die italienische Botschaft war besonders nach dem Amtsantritt des Botschafters Vittorio Cerruti am lebendigsten. [...] In dem großen Musiksaal der Botschaft hörte man regelmäßig Musik, meist kamen italienische Solisten und Komponisten zu Gehör. Diese Konzerte waren trotz ihrer Länge äußerst beliebt, und man pflegte danach in diesem gastlichen Hause bis spät in die Nacht hinein zu bleiben.‹. Der Musikkritiker Hans-Heinz Stuckenschmidt erinnert sich:

›Im Haus des Fascio, Viktoriastraße [residierte] Vittorio Cerruti. Seine Frau Elisabetta, eine ungarische Schauspielerin, geborene Paulay, führte ein musisches Haus und veranstaltete Konzerte, die weder im Programm noch in der Auswahl der Mitwirkenden den Idealen des Naziregimes entsprachen.‹

✉ **Adresse der Botschaft bis zum Neubau 1941: Standartenstraße 31 a in Berlin-Tiergarten; Adresse des ›alten Botschaftspalais‹: Viktoriastraße 36 in Berlin-Tiergarten. Adresse ab 1941: Graf-Spee-Straße 1–7 (heute: Hiroshima-Straße) in Berlin-Tiergarten**

BOTE U. BOCK | Der traditionsreiche Musikverlag mit Musikalienhandlung von Ed.Bote und G. Bock wurde 1838 gegründet. Er widmete sich stets der Pflege der zeitgenössischen Musik. In den 20er Jahren wurden hier neben neuen Kompositionen (nicht von Paul Hindemith, aber von Paul Dessau, Max Reger und anderen) auch Filmmusiken und Schlager, Operetten und Revuen verlegt. Unter der angegebenen Telefonnummer ereichte man die Zweiggeschäftsstelle, hier gab es ›Musikalien und Schallplatten, Sprechmaschinen‹. Der Verlag fusionierte 1997 mit dem Verlagshaus Boosey & Hawkes, die Musikalienhandlung Bote & Bock besteht noch heute unter dem alten Namen in der Hardenbergstraße 9 a in Berlin-Charlottenburg.

✉ **Tauentzienstraße 7 b in Berlin-Charlottenburg**

BEZIRKSAMT | Das Bezirksamt Charlottenburg befand sich im Rathaus in der Berliner Straße 70–73 (heute: Otto-Suhr-Allee) in Berlin-Charlottenburg; welche Dienststelle sich unter der bei Hindemith angegebenen Adresse Knobelsdorffstraße 35 in Berlin-Charlottenburg befand, ließ sich nicht ermitteln.

BRAUN | Das Geschäft für ›Wäsche und Konfektion‹ von E. Braun & Co. befand sich Unter den Linden. Der jüdische Betrieb wurde 1938 ›arisiert‹. Im Berliner Telefonbuch von 1939 ist der Betrieb unter ›E. Braun & Co Nachfolg.‹ verzeichnet.

✉ **Adresse des Geschäfts: Unter den Linden 2 in Berlin-Mitte**

Die Filiale des traditionsreichen Wiener Wäschegeschäfts ›E. Braun & Co.‹ Unter den Linden wurde im Krieg zerstört.

BENDA | Hans von Benda (22. November 1888 Straßburg bis 13. August 1972 Berlin), Dirigent. Benda studierte in Berlin und München und war von 1926 bis 1933 Leiter der Musikabteilung der ›Berliner Funkstunde‹ (siehe Eintrag). Von 1934 bis 1939 war er Intendant des Berliner Philharmonischen Orchesters (siehe Eintrag) und Leiter des Kammerorchesters der Philharmonie, mit dem er ab 1939 als ›Generalmusikdirektor‹ in Europa und USA gastierte.

✉ **Potsdamer Chaussee 65 in Berlin-Nikolassee, ab 1939: Helmstedter Straße 8 in Berlin-Wilmersdorf**

DR. V. BORRIES | Fritz von Borries (geboren 2. Dezember 1892 Einbeck), Komponist und Konzertbegleiter. 1930 wurde er Mitglied der NSDAP, von 1934 bis 1936 und ab 1938 war er als Referent im Ministerium für Volksaufklärung und Propaganda tätig. 1936/1937 unterrichtete er an der Berliner Musikhochschule. Borries sucht Hindemith im Mai 1933 in der Musikhochschule auf – der Anlaß des Gesprächs ist bisher nicht bekannt.

✉ **Berliner Straße 59, ab 1934 Bayrische Straße 21 in in Berlin-Wilmersdorf**

GRETE BALK

✉ **Straße 212 in Berlin-Weißensee bzw. Bayernallee 48 in Berlin-Westend**

BERLINER SP. C. | Der ›Berliner Sport-Club e.V.‹ hatte seine Geschäftsstelle am Nordeingang der ›Avus‹, der Autorennstrecke in Berlin-Charlottenburg. Als 1. Vorsitzender steht Dr. med Werner Ruhemann (siehe Eintrag) im Telefonbuch.

DR. BECCARD | Dr. Julius Beccard war Zahnarzt und hatte seine Praxis in der Suarezstraße 2 in Berlin-Charlottenburg.

CASELLA | Alfredo Casella (25. Juli 1883 Turin bis 5. März 1947 Rom), italienischer Komponist, Pianist und Dirigent. Als Lehrer am Liceo Musicale in Rom (1915–1923) gründete er 1917 die ›Società Italiana di Musica Moderna‹, 1923 zusammen mit Gian Francesco Malipiero und Mario Labroca (siehe Eintrag) die ›Corporazione delle Nuove Musiche‹, die später in der ›Internationalen Gesellschaft für Neue Musik‹ aufging. Er wirkte als Veranstalter mehrerer Musikfeste in Italien, bei denen er unter anderem Werke Strawinskys propagierte. Daneben war er auch Organisator von Konzerten mit Alter Musik. Hindemith traf Casella erstmals 1929 in Rom während einer Konzertreise mit Werken Alter Musik. Die Begegnung kommentierte er am 20. März 1929 gegenüber seiner Frau: ›In Rom war ich mit Casellas und Labrocas beisammen. Letztere kommen zur Season nach Berlin. Casella ist doof, sie ist sehr nett. Ditto Labrocas.‹

✉ **Via G. Niestera 5 in Rom**

CLASS | Heinrich Claß war Justiz-Rat.

✉ **Kurfürstenstraße 126 in Berlin-Schöneberg**

DR. CURJEL | Dr. phil. Hans Curjel (1. Mai 1896 Karlsruhe bis 3. Januar 1974 Zürich), Kunsthistoriker, Dirigent, Theaterleiter und Regisseur. Von 1927 bis 1931 leitete er mit Ernst Legal und Otto Klemperer (siehe Eintrag) die Berliner Kroll-Oper, deren Stil er entscheidend mitprägte. 1933 emigrierte er nach Zürich, wo er bis 1949 als Regisseur arbeitete. Hindemith begegnete er erstmals am 7. Oktober 1920 in Karlsruhe, wo der junge Komponist sein *2. Streichquartett f moll* op. 10 vorstellte. Später erinnerte er sich: ›In Karlsruhe lebte damals eine kleine Schar meist jüngerer Menschen, die sich leidenschaftlich für die Moderne interessierte und engagierte. […] Das Quartett dieses Paul Hindemith, mitten im Rahmen eines der üblichen Kammermusik-Abonnementskonzerte, wirkte höchst sonderbar, aufreizend, unbekümmert, von großer Kraft erfüllt, geschrieben von einem Komponisten, der offenbar genau wußte, was er wollte. […] Das Publikum, das einen ›genußreichen‹ Kammermusikabend erwar-

Für die Urlaubs-Tickets war das
Reisebüro Th. Cook zuständig,
hier Paul Hindemith 1937
auf einer Wanderung in Schlesien

tet hatte, blieb hilflos, bestürzt, stumm. Das kleine Häuflein, das sich mit Blicken verständigte, applaudierte um so heftiger. […] Im darauf folgenden Sommer vernahm man aus Berichten vom ersten Donaueschinger Kammermusikfest, daß ein junger Komponist namens Paul Hindemith als zukunftsreiche musikalische Potenz Furore gemacht hatte.‹

✉ **Fridericiastraße 13 in Berlin-Charlottenburg**

CARSTEN, WALLY | Leo Carsten hatte einen Salon für ›Parfümerie, Haarpflege, Schönheitsinstitut‹. 1939 steht er nicht mehr im Berliner Telefonbuch.

✉ **Kalckreuthstraße17 in Berlin-Schöneberg**

CAPITOL | Das Kino ›Capitol am ZOO‹ wurde 1925/26 nach Plänen von Hans Poelzig (1869–1936) erbaut. Paul Hindemith traf Hans Poelzig 1936 in der Türkei. Das ›Capitol‹ gehörte zu den renommierten Berliner Uraufführungs-Kinos und pflegte – in Opposition zum benachbarten ›UFA-Palast am ZOO‹ (siehe Eintrag) das Genre des sozialen Dramas.

✉ **Budapester Straße 9a in Berlin-Tiergarten**

TH. COOK | Unter dieser Nummer erreichte man die Filiale von ›Cook, Thos. & Sons‹, der internationalen Agentur der ›Weltreisebureau Union‹. ›Cook's Time table kann den Weg aller Teimtäbels gehen‹, weist Hindemith seine Frau, die in Berlin den Haushalt auflöste, am 10. August 1938 an.

✉ **Unter den Linden 22 in Berlin-Mitte**

CHAUFFEUR ANDREESEN | Der Chauffeur Andreesen wohnte in der Karlsruher Straße 16 in Berlin-Wilmersdorf.

CAMMUS, SOCIETÀ P. LA PROP. MUSICALE

✉ **Via Venezia 14 in Rom**

CZAPSKY | Else Czapski (geboren am 19. November 1891 in Frankfurt), Journalistin. Sie lebte bis Ende 1934 in der Soorstr. 60 in Berlin-Westend (siehe Eintrag ›Frauchen‹) und emigrierte am 1. Januar 1935 nach London. Die ausschließlich zu ihren Gunsten 1929 von einem jüdischen Bankier gegründete ›Elisabeth-Stiftung‹ wurde 1943 aufgrund des ›Reichsbürgergesetzes‹ aufgelöst.

✉ **St. Angels Castle Bond Hill, Ealing W 5**

DRESDENER BANK | Die Telefonnummer gehörte zur Filiale 57 der ›Dresdner Bank‹. Unter der heutigen Hausnummer 4 gibt es dort noch immer eine Filiale der gleichen Bankgesellschaft.

✉ **Reichskanzler-Platz 6 (1933 bis 1945: Adolf-Hitler-Platz, heute: Theodor-Heuss-Platz) in Berlin-Westend**

D

DEUTSCHES THEATER | Unter der angegebenen Nummer meldete sich die Billettkasse des Deutschen Theaters. Das 1883 als ›nationale Musterbühne‹ eröffnete Theater wurde ab 1905 von Max Reinhardt (1873 Baden–1943 New York) geleitet. Als modernes Regietheater widmete es sich dem zeitgenössischen Drama ebenso wie einer Neubewertung der Klassik. Nach der Emigration Max Reinhardts 1933 zunächst nach Österreich, dann in die USA wurde das Theater bis 1944 von Heinz Hilpert geleitet. Auf die Nazifizierung des Theaters spielt Hindemiths Zeichnung an, dort heißt es: ›PROGRAMM: HEUTE ZERSETZUNG / MORGEN JUDENHETZE / GESTERN WAHLEN / ÜBERMORGEN AUFMARSCH‹

✉ **Schumannstraße 13 a in Berlin-Mitte**

DLUGAICZIK | Der Lehrer Franz Dlugaiczyk bewohnte 1930 Erdgeschoß und erste Etage des Hauses Winterbachstraße 45 in Frankfurt. Möglicherweise war Gertrud Hindemith mit einer Tochter befreundet.

P. DESSAU | Paul Dessau (19. Dezember 1894 Hamburg bis 28. Juni 1976 Berlin), Komponist und Dirigent. Ab 1925 war er Erster Kapellmeister an der Städtischen Oper Berlin. Bei den Donaueschinger Musikfesten 1925 wurde sein *Concertino für Violine, Flöte, Klarinette und Horn* unter Beteiligung von Licco Amar (siehe Eintrag) uraufgeführt. Er engagierte sich auch als Komponist der Arbeitermusikbewegung. Ende der 20er Jahre war Dessau stark von der Kompositionsweise Paul Hindemiths und der Idee einer ›Gebrauchsmusik‹ beeinflußt. Dessau übernahm die Leitung des ›Alhambra-Orchesters‹, des Kammerorchesters im Kino ›Alhambra‹ in Berlin, und führte dort in mehreren Konzerten Filmmusik auf. 1928 komponierte Dessau die Filmmusik zu Walt

Die Filiale der Drogerie Regenbrecht in der Reichsstraße 36 am früheren Sachsenplatz existiert heute nicht mehr.

Bertolt Brecht und Paul Dessau in Berlin, 1949

Disneys ›Alice the Fire Fighter‹, die in einer Nachtkonzert-Reihe im ›Alhambra‹ 1928/29 aufgeführt wurde. Am 4. Mai 1929 spielte Hindemith den Bratschenpart bei der Uraufführung von Dessaus *Sonate für Bratsche und Cembalo*. Außerdem erklangen die *Musik für Liebhaberorchester* op. 45 Nr. 3 (‹Ein Jäger aus Kurpfalz‹) und die *Kammermusik Nr. 1* op. 24 Nr. 1, in deren ›Finale 1921‹ eine Sirene erschallt. Bei den von Hindemith initiierten Konzerten ›Neue Musik Berlin 1930‹ an der Berliner Musikhochschule wurde Dessaus *Eisenbahnspiel* zu Texten von Robert Seitz uraufgeführt. Dessau emigrierte 1933 nach Paris und von dort 1942 in die USA und bestritt dort seinen Lebensunterhalt unter anderem mit Korrekturlesen von Partituren Hindemiths für einen New Yorker Musikverlag. Aufgrund der guten Zusammenarbeit mit Bertolt Brecht, für den er zahlreiche Textvertonungen und Bühnenmusiken schrieb, kehrte Dessau 1948 mit Brecht nach Ost-Berlin zurück.

✉ **Adresse bis 1933: Ulmenallee 43 in Berlin-Westend**

DROGERIE REGENBRECHT | Die alteingesessene Drogerie-Kette ›Regenbrecht‹ wurde 1902 von Arthur Regenbrecht mit einem Geschäft in der Brückenallee in Berlin-Tiergarten gegründet. Seit 1911 gab es die erste Filiale in der Reichsstraße 1 in Berlin-Westend, Ende der 20er Jahre existierten allein auf der Reichsstraße fünf Filialen (Nr.1, Nr.3, Nr.36, Nr.87, Nr.95). Die im NS-Jargon als ›jüdisch-versippt‹ geltende Familie Regenbrecht wurde von der Gestapo überwacht. Hindemiths frequentierten die Drogerie in der Reichsstraße 36 direkt am Sachsenplatz (heute: Brix-Platz), die 1929 eröffnet wurde. Hier ließ Hindemith offensichtlich auch seine Fotos entwickeln, im Hinterzimmer gab es eine Dunkelkammer. Das Gebäude wurde 1943 weitgehend zerstört, anstelle der Drogerie befindet sich dort heute ein Zeitungsladen. In dritter Generation gab die Familie Regenbrecht 1995/96 ihre Geschäfte in der Reichsstraße auf. Hindemiths Zeichnung kombiniert nach Art eines Rebus eine Regenwolke mit dem für Bertolt Brecht (siehe Eintrag) – verkehrt! – gezeichneten Hammer-und-Sichel-Symbol der Kommunisten.

✉ **Reichsstraße 36 in Berlin-Westend**

D.R.A.C. | Deutscher Reichs-Automobil-Club (siehe Eintrag unter A)

DEBUSER | Tiny Debüser (4. Juni 1892 Köln bis 10. Oktober 1957 Köln), Konzertsängerin. Sie sang 1922 bei der Donaueschinger Uraufführung von Hindemiths Liederzyklus *Die junge Magd* op. 23 b die Sopranpartie. Neben Else Thalheimer (siehe Eintrag ›Löwenthal‹) und anderen war sie Mitbegründerin der Kölner Gesellschaft für Neue Musik.

DÖBLIN | Dr. med. Alfred Döblin (10. August 1878 Stettin bis 28 Juni 1957 Emmendingen), Romancier, Erzähler und Dramatiker. Döblin lebte seit 1888 in Berlin, nach dem Medizinstudium war er von 1911 bis 1933 als Nervenarzt in einem Arbeiterviertel in Berlin tätig. Zugleich betätigte er sich als Schriftsteller und war seit 1911 Mitbegründer und Autor der expressionistischen Zeitschrift ›Der Sturm‹. Von 1921 bis 1929 war Döblin Mitglied der SPD. Anfang der 30er Jahre bemühte sich Hindemith erfolglos darum, ihn für die Zusammenarbeit an einem Opernprojekt zu gewinnen. 1933 wurden seine Werke bei der Bücherverbrennung verbrannt, er trat aus der Preußischen Akademie der Künste aus, der er seit 1928 angehört hatte. Alfred Döblin emigrierte über die Schweiz nach Paris, nach dem Einmarsch der deutschen Truppen in Frankreich übersiedelte er in die USA. Von 1945 bis 1953 kehrte er als Mitarbeiter der französischen Militärregierung nach Deutschland zurück.

✉ **Adresse bis 1933: Kaiserdamm 28 in Berlin-Charlottenburg**

DEBSCHITZ | Walter von Debschitz-Kunowski war Fotograf. Unter der gleichen Adresse erreichte man ab 1932 auch das Modeatelier von Irene Debschitz und die Fotografin Wanda Debschitz. Im Berliner Telefonbuch von 1939 ist die Familie nicht mehr aufgeführt.

✉ **Nassauische Straße 4 in Berlin-Wilmersdorf, ab 1934 in der Bleibtreustraße 34 in Berlin-Charlottenburg**

DÜNNEBEIL | Hans Dünnebeil betrieb eine Musikalienhandlung.

✉ **Potsdamer Straße 20 in Berlin-Schöneberg**

Donaueschingen 1925,
rechts neben Hindemith
Tiny Debüser

Der Arzt und Schriftsteller Alfred Döblin in seiner Berliner Praxis

Bei Hans Dünnebeil kaufte Paul Hindemith neben Noten auch Instrumente.

EHLERS | Unter dieser Adresse war das Klavier-Geschäft Ehlers zu erreichen. Vermutlich bestanden verwandtschaftliche Beziehungen zu der Cembalistin Alice Ehlers (16. April 1887 Wien bis 1. März 1981 Los Angeles). Die Schülerin Wanda Landowskas war Dozentin an der Berliner Hochschule für Musik und trat mit Hindemith von 1927 bis 1931 bei zahlreichen Konzerten mit Alter Musik auf. Offenkundig frustriert schrieb Hindemith seiner Frau von einer Konzertreise durch Italien am 20. März 1929: ›Dies ist die letzte Reise mit der Ehlers. Diese ewigen nichtklappenden Kleinigkeiten können einen umbringen. Natürlich ist ewig die Jagd mit dem Scheißcembalo. Dann hat sie dies, dann das. Es ist zum Einmachen. Und dann immer dasselbe öde Programm.‹ Alice Ehlers emigrierte mit ihrer Familie 1936 in die USA, wo Hindemith sie wiedertraf, und unterrichtete von 1941 bis 1967 an der University of Southern California.

✉ **Bechstedter Weg 4 in Berlin-Schmargendorf**

ERNST | Dr. Franz Ernst (24. Dezember 1887 Ramsen bis 22. Mai 1947 Berlin), Universitäts-Professor für Zahnheilkunde und Kieferchirurgie. Franz Ernst studierte in Berlin und leitete ab 1925 die von ihm gegründete Poliklinik für Kieferchirurgie in der Luisenstraße gegenüber der Charité in Berlin-Mitte. Einer seine dortigen Schüler und Assistenten war Dr. Hans Bremner (siehe Eintrag). Seit seiner Immatrikulation spielte Ernst als Geiger im Akademischen Orchester Berlin mit. Er gehörte zum engen Freundeskreis Hindemiths und war zugleich einer seiner Mäzene. Paul Hindemith widmete ihm sein *Konzert für großes Orchester* op. 38. Die Familie Ernst teilte sich zudem mit den Hindemiths die Haushaltshilfe Erna (siehe Eintrag unter ›Aushilfen‹).

✉ **Bismarckstraße 68 in Berlin-Charlottenburg**

LILY EHRMANN | Lily D. Ehrmann wohnte 1929 in der Fasanenstraße 51 in Berlin-Charlottenburg, ab 1934 am Hohenzollerndamm 9 in Berlin-Dahlem. 1939 steht sie nicht mehr im Berliner Telefonbuch. Das ›Berliner Gedenkbuch‹ nennt eine Lily Ehrmann (geboren 8. September 1892 in Frankfurt) aus der Kaiserallee 32 in Berlin-Wilmersdorf, die dort zur Untermiete bei der Witwe Franz Schrekers, der Opernsängerin Maria Schreker, wohnte und am 5. September 1942 vom Polizeigefängnis Berlin nach Riga deportiert wurde. Riga ist dort auch als Sterbeort ohne Datum angegeben.

EISENLOHR | Karl Eisenlohr war Major a.D. und Verlags-Direktor. Er war verheiratet mit Erika Adickes, der jüngsten Schwester von Gertrud Hindemiths Mutter (siehe Eintrag Rottenberg).

✉ **Assmannshauser Straße 12 in Berlin-Schmargendorf**

A. EINSTEIN | Alfred Einstein (30. Dezember 1880 München bis 13. Februar 1952 El Cerrito/California), Musikwissenschaftler. Einstein war von 1918 bis 1933 Schriftleiter der ›Zeitschrift für Musikwissenschaft‹ und zugleich als Kritiker am ›Berliner Tageblatt‹ tätig. 1929 war er Herausgeber der 11. Ausgabe des ›Riemann Musiklexikons‹. 1933 emigrierte er zunächst nach London. Bis 1938 lebte er in Mezzomonte bei Florenz, ab 1939 in den USA. Ludwig Strecker vom Schott-Verlag (siehe Eintrag) erkundigte sich am 24. Juli 1945 bei Hindemiths nach Einstein: ›Wir gehen jetzt mit neuem Mut an die Wiederingangsetzung des Verlages, in deren allerersten Anfängen wir allerdings leider noch stecken. Die Schwierigkeiten sind sehr groß. Zu einer dieser Aufgaben gehört das Riemann-Lexikon und hier bitte ich mir doch irgendwie einmal einen Bescheid zukommen zu lassen, ob Alfred Einstein noch lebt, gesund ist usw. und ob Sie irgendwie mit ihm in Verbindung stehen oder treten können? Wir hatten im Jahre 19xx [sic] eine unerfreuliche Auseinandersetzung mit ihm, als er uns vorwarf, daß wir die neue Auflage ohne ihn vorbereiteten. Er konnte damals leider nicht verstehen, daß wir selbst beim besten Willen nicht ihn als Herausgeber beibehalten konnten. Wir waren aber nicht frei, sondern mußten uns den behördlichen Anordnungen fügen. Wir verzögerten daraufhin die Herausgabe und sind nie über die erste Lieferung d.h. den Buchstaben A hinausgekommen. Nun aber ist der Weg wieder frei und wir können uns nichts besseres wünschen, als auf Einstein zurückzugreifen.‹

✉ **Adresse bis 1933: Heilbronner Straße 6 in Berlin-Halensee**

ELEKTROLA | Die Schallplattenfirma ›Electrola GmbH‹ hatte unter dieser Telefonnummer neben der Direktion und der Verkaufsabteilung auch die Aufnahme-Abteilung.

✉ **Rathenaustraße 1 in Berlin-Novaves (heute: Potsdam-Babelsberg)**

E

EISLER | Hanns Eisler (6. Juli 1898 Leipzig bis 7. September 1962 Berlin), Komponist. Von 1919 bis 1923 Schüler von Arnold Schönberg in Wien, lebte Eisler ab 1925 in Berlin. Sein Engagement für die Arbeitermusik führte zum Bruch mit seinem Lehrer Schönberg. Ab 1929 arbeitete er mit Bertolt Brecht zusammen, von dem er viele Texte vertonte. Hindemith und Eisler trafen sich unter anderem bei den Musikfesten in Baden-Baden (1927–1929) und in Berlin (1930). Im Zusammenhang mit dem politischen Bruch 1930 zwischen Brecht und Hindemith schrieb Eisler: ›Auch der Komponist ist vom Kapitalismus geknechtet, und nur, wenn er sich mit dem Proletariat verbündet, kann er sich seine Freiheit erkämpfen. Das sei auch Paul Hindemith gesagt!‹ 1933 verließ Eisler Deutschland. Nach Aufenthalten in Holland, Dänemark, London, Paris, Rußland, den USA und Prag nahm er 1938 eine Gastprofessur an der New School for Social Research in New York an. 1940 übersiedelte er in die USA und schrieb dort Film- und Bühnenmusik. 1948 kehrte er nach Wien zurück und lebte ab 1950 in Ost-Berlin.

✉ **Adresse bis 1933: Bregenzer Straße 9 in Berlin-Wilmersdorf**

EBERT | Carl Ebert (20. Februar 1887 in Berlin bis 14. Mai 1980 Santa Monica), Schauspieler, Regisseur und Intendant. Ebert begann seine Bühnenlaufbahn als Schüler Max Reinhardts in Berlin. 1925 übernahm er neben seiner Schauspielertätigkeit die Leitung der Staatlichen Schauspielschule, die der Berliner Musikhochschule angegliedert war. Als Intendant in Darmstadt und ab 1931 an der Städtischen Oper in Berlin erneuerte er die Opernregie zum Musiktheater. 1933 entlassen, emigrierte er über die Schweiz 1935 auf Empfehlung Hindemiths in die Türkei und war dort für den Aufbau einer Opernschule in Ankara verantwortlich. Er orientierte sich dabei an den Plänen der

Paul Hindemith und der
Opernintendant Carl Ebert
auf der Terrasse ihres Hotels
in Ankara, 1935

Schauspielschule an der Hochschule in Berlin: ›Liebes Paulchen, [...] Da Du jetzt in Berlin bist, habe ich die ganz große Bitte, mir doch umgehend die Stundenpläne des ersten Jahres der Schauspielschule hierher zu schicken [...] und leg noch ein paar neuere Stundenpläne dazu. Ich möchte sie mit meinem jetzigen Entwurf vergleichen.‹ Ebert blieb bis 1947 in der Türkei; 1954 übernahm er wiederum die Intendanz der Städtischen Oper in Berlin, die er bis 1961 leitete.

✉ **Adresse 1927: Schinkelstraße 10 in Berlin-Wilmersdorf, letzte Adresse (bis 1937 dort gemeldet): Bismarckstraße 68 in Berlin-Charlottenburg**

ECKSTEIN | Cläre Eckstein (8. Juli 1904 Allendorf/Gießen bis 25. September 1994 München), Ballettmeisterin. Gemeinsam mit dem Regisseur Arthur Maria Rabenalt und dem Bühnenbildner Wilhelm Reinking war sie bis 1933 für zahlreiche avantgardistische Musiktheaterinszenierungen verantwortlich. In Berlin arbeitete sie am Theater am Schiffbauerdamm. 1939 steht sie nicht mehr im Berliner Telefonbuch.

✉ **Pommersche Straße 4 in Berlin-Wilmersdorf**

ESCHENBURG | Dr. Theodor Eschenburg (24. Oktober 1904 Kiel bis 10. Juli 1999 Tübingen), Politikwissenschaftler und Publizist. Eschenburg studierte ab 1927 in Berlin, nach der Promotion 1929 wurde er zunächst Referent des Vereins deutscher Maschinenbau-Anstalten. Bis zuletzt war er ein Vertrauter Gustav Stresemanns (1878–1929), der ihn auch in die Berliner Kulturszene einführte. Die Bekanntschaft mit dem Preußischen Kultusminister Carl Heinrich Becker und die regelmäßigen Treffen im Kreise des Verlegers Ernst Rowohlt mögen auch zu Begegnungen mit Paul Hindemith geführt haben.

✉ **Adresse 1934: Eisackstraße 14 in Berlin-Schöneberg, das Büro befand sich in der Zimmerstraße 3 in Berlin-Mitte**

EHLGÖTZ | Prof. Hermann Ehlgötz lehrte an der Technischen Hochschule in Berlin-Charlottenburg und wohnte im gleichen Haus wie Hindemiths.

✉ **Sachsenplatz 1 (heute: Brix-Platz) in Berlin-Westend**

oben: Hans Flesch nach seiner Einlieferung in das KZ Oranienburg im August 1933 (2. von links), zusammen mit dem Rundfunkreporter Alfred Braun sowie Kurt Magnus und Heinrich Giesecke von der Reichsrundfunkgesellschaft Die Fotomontage erschien am 18.8.1933 in ›Der DeutscheSender‹.

FUNKSTUNDE BERLIN | Die ›Berliner Funkstunde‹ war Teil des 1923 in Berlin gegründeten Hörfunks und residierte später im 1929–1931 von Hans Poelzig errichteten Haus des Rundfunks. Der Funkturm auf dem Messegelände in Berlin-Charlottenburg wurde anläßlich der 1. Großen Deutschen Funkausstellung 1924–1926 nach dem Vorbild des Pariser Eiffelturms errichtet. Intendant der ›Berliner Funkstunde‹ war von 1929–1933 Hans Flesch (siehe Eintrag), der mit der älteren Schwester Gertrud Hindemiths verheiratet war. Chefreporter der ›Berliner Funkstunde‹ war bis zu seiner Entlassung 1933 Alfred Braun (siehe Eintrag), der auf Empfehlung Hindemiths und Eberts (siehe Eintrag) 1935 ebenfalls in die Türkei emigrierte. Bis 1933 wurden im Rahmen der ›Funkstunde‹ zahlreiche Konzerte Hindemiths übertragen, sei es mit dem Amar-Quartett oder mit dem Hindemith-Trio. Die letzte Rundfunkübertragung fand am 16. Januar 1933 statt: Paul Hindemith spielte zusammen mit Hans-Erich Riebensahm die *Kleine Sonate für Viola d'Amore und Klavier* op. 25 Nr. 2.

✉ **Masurenallee 8–14 in Berlin-Charlottenburg**

DE FRIES | Ludwig de Fries war Opernsänger. Frieda de Fries (geboren 31. Juli 1889) studierte von 1927 bis 1928 an der Berliner Musikhochschule. Paul Hindemith schrieb an seine Frau Gertrud am 18. Dezember 1935, bezogen auf seine Finanzsorgen: ›Wahrscheinlich ist das der finanzielle Erfolg, von dem de Fries' Sterne sprechen.‹

✉ **Carmen-Sylva-Straße 111 (heute: Erich-Weinert-Straße) in Berlin-Prenzlauer Berg**

FRAUCHEN | Unter der Telefonnummer erreichte man die Journalistin Else Czapski (siehe Eintrag).

✉ **Soorstraße 60 in Berlin-Westend**

FLESCH THEBESIUS | Max Flesch-Thebesius (9. Juli 1889 Frankfurt bis 6. April 1983 Kronberg), Chirurg in Frankfurt. Er war der Bruder von Hans Flesch (siehe Eintrag), der mit Gertrud Hindemiths älterer Schwester Gabriele verheiratet war.

EDWIN FISCHER | Edwin Fischer (6. Oktober 1886 Basel bis 24. Januar 1960 Zürich), Pianist und Musikschriftsteller. Edwin Fischer war von 1905–1914 Lehrer am Stern'schen Konservatorium in Berlin. 1926 wurde er Direktor des Musikvereins Lübeck, von 1928 bis 1932 Dirigent des Bachvereins in München und ab 1931 als Nachfolger von Artur Schnabel Lehrer für Klavier an der Berliner Musikhochschule. Er lebte ab 1942 in der Schweiz, wo er von 1945 bis 1950 am Konservatorium in Luzern unterrichtete. Gemeinsam mit dem Geiger Georg Kulenkampff (siehe Eintrag) und dem Cellisten Enrico Mainardi gründete er dort ein erfolgreiches Trio.

✉ **Adresse bis 1931: Kaiserallee 192 (heute: Bundesallee) in Berlin-Wilmersdorf**

FINANZAMT | Das für Hindemiths zuständige Berliner Finanzamt Charlottenburg-West befand sich in der Berliner Straße 17 (heute: Otto-Suhr-Allee) in Berlin-Charlottenburg.

FLESCHS | Dr. med. Hans Flesch (18. Dezember 1896 Frankfurt – seit März 1945 verschollen), Intendant. Hans Flesch, seiner Ausbildung nach Röntgenologe, war mit Gertrud Hindemiths älterer Schwester Gabriele (geboren 2. Februar 1898 Frankfurt) verheiratet. Von 1924 bis 1929 war er Intendant des Südwestdeutschen Rundfunks in Frankfurt am Main und von 1929 bis 1933 Intendant der ›Berliner Funkstunde‹. 1933 wurde er von den Nationalsozialisten entlassen und war kurzzeitig auch im KZ Oranienburg interniert. Zusammen mit weiteren Rundfunkangestellten wurde er 1935 in einem ›Schauprozeß‹ verurteilt. Das Verfahren wurde 1938 eingestellt und die Beteiligten – unter ihnen Alfred Braun – teilweise rehabilitiert. Flesch arbeitete dann als Buchhalter und wurde 1942 als Mediziner zwangsverpflichtet. Seine Spur verliert sich in einem Lazarett an der Oder, das er 1945 für die vor der russischen Armee Flüchtenden einrichtete. Gabriele Flesch emigrierte nach dem Krieg in die USA.

✉ **Adresse bis 1933: Bachstelzenweg 19 in Berlin-Dahlem**

FEUERMANN | Emanuel Feuermann (22. November 1902 Klomea/ Galizien bis 25. Mai 1942 New York), Cellist. Mit Josef Wolfsthal (Geige), ab 1931 Szymon Goldberg (Geige) und Paul Hindemith (Bratsche), gründete er 1929 ein Streichtrio, das bis 1934 in vielen Ländern Europas konzertierte. 1929 wurde er als Lehrer an die Musikhochschule berufen, dort 1933 als ›untragbarer Jude‹ entlassen. Emanuel Feuermann emigrierte 1933 nach Wien, 1937 nach Zürich, von dort 1938 in die USA. Hindemith traf ihn am 21. Februar 1938 in New York und berichtete seiner Frau: ›Er ist sowohl als neuer Vater wie auch als hier sehr erfolgreicher Spieler selig und findet hier alles herrlich. Ich bin ziemlich weit von dieser Ansicht entfernt und glaube, daß reichlich viel Vergoldung dazu gehört, um einem die Schattenseiten einigermaßen genießbar zu machen.‹ Feuermann war ab 1941 bis zu seinem Tode als Lehrer am Curtis-Institute, Philadelphia tätig.

✉ **Adresse bis 1933: Frankenallee 11 in Berlin-Westend**

FABIAN | Die Firma ›Fabian & Hrich. Schneider für englische Damen- und Herren-Kostüme‹ fertigte Maßanzüge für Paul Hindemith an. ›Gestern früh habe ich beim Fabian anprobiert‹, schreibt Hindemith am 28. Mai 1933 an seine Frau Gertrud. Im Berliner Telefonbuch von 1939 steht als Besitzer der Firma A. J. Novotny mit der neuen Adresse: Kurfürstendamm 33.

✉ **Adresse bis 1937: Unter den Linden 12–13 in Berlin-Mitte**

FURTWÄNGLER | Wilhelm Furtwängler (25. Januar 1886 Berlin bis 30. November 1954 Baden-Baden), Dirigent. Furtwängler leitete von 1922 bis 1945 das Berliner Philharmonische Orchester als GMD, ab 1941 unterrichtete er das Fach Dirigieren an der Musikhochschule Berlin. Nach seiner Entnazifizierung 1947 übernahm er dann von 1952 bis zu seinem Tode wieder die künstlerische Leitung des Berliner Philharmonischen Orchesters. Von 1927 bis 1932 dirigierte er etliche Konzerte, bei denen Hindemith als Solist mit der Bratsche mitwirkte. Am 14. April 1932 leitete er die Uraufführung des *Philharmo-*

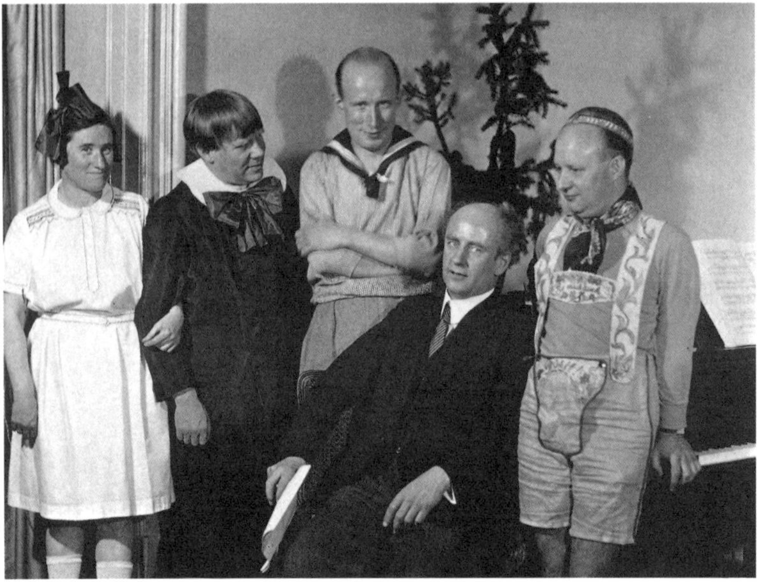

Geburtstagsständchen
zum 47. Geburtstag des
Dirigenten Wilhelm Furtwängler
im Januar 1933,
links Furtwänglers Assistentin
Berta Geissmar

Streichtrio mit Simon Goldberg,
Emanuel Feuermann und Paul Hindemith

nischen Konzerts, das anläßlich des 50jährigen Bestehens der Berliner Philharmoniker bei Hindemith in Auftrag gegeben worden war. Die Uraufführung der *Symphonie Mathis der Maler* im März 1934 provozierte eine monatelange öffentlich geführte Debatte über Hindemiths Musik, zu der Furtwängler am 25. November 1934 mit dem Artikel ›Der Fall Hindemith‹ in der ›Deutschen Allgemeinen Zeitung‹ schließlich Stellung bezog: ›Sicher ist, daß für die Geltung deutscher Musik in der Welt keiner der jungen Generation mehr getan hat als Paul Hindemith. [...] Wir können es uns nicht leisten, angesichts der auf der ganzen Welt herrschenden unsäglichen Armut an wahrhaft produktiven Musikern, auf einen Mann wie Hindemith so ohne weiteres zu verzichten.‹ Propagandaminister Josef Goebbels reagierte auf Furtwänglers Apologie, indem er Hindemith bei einer Rede vor der Reichskulturkammer als ›atonalen Geräuschemacher‹ beschimpfte. Furtwängler trat daraufhin von allen seinen Ämtern zurück, übernahm jedoch 1935 erneut die Leitung des Berliner Philharmonischen Orchesters. Die für 1935 unter Furtwänglers Leitung geplante Uraufführung von Hindemiths Oper *Mathis der Maler* wurde nicht genehmigt, die Uraufführung fand daraufhin 1938 in Zürich statt.

✉ **Adresse hier: Hohenzollernstraße 9 in Berlin-Wannsee, die angegebene Telefonnummer gehört zum Gebäude der Philharmonie in der Bernburger Straße 22a in Berlin-Kreuzberg**

FRAUKE-DE BARDE | In dem Gebäude Breitenbachplatz 12 residierte die ›Basse-Film GmbH Filmproduktion‹. Im gleichen Hause wohnte der ›Kult.-Filmregisseur‹ Wilfried Basse.

✉ **Breitenbachplatz 12 in Berlin-Schmargendorf**

FUCHS | Musikalienhandlung W. E. Fuchs in Frankfurt. Hier kaufte Hindemith seit seiner Jugend Notenmaterial. Das Geschäft wurde bis Ende 1994 unter dem selben Namen weitergeführt (heute: Musikalien Petroll).

✉ **Bleichstraße 13a in Frankfurt/Main**

MAX FLESCH | Max Flesch-Thebesius (siehe Eintrag).

✉ **Franz-Lenbach-Straße 11 in Frankfurt-Sachsenhausen**

FOERDER & SCHR. | Im Geschäft ›S. Foerder‹, Inhaber Alex Foerder, gab es ›Wäsche nach Maß und Herrenausstattung‹. Alex Foerder steht 1931 auch im ›Jüdischen Adreßbuch von Groß-Berlin‹ mit der Privatadresse: Kaiserdamm 67 in Berlin-Charlottenburg.

✉ **Adresse des Ladens: Kurfürstendamm 203–204 in Berlin-Charlottenburg**

FLESCH FRANKFURT | Familie Flesch (siehe Eintrag) in Frankfurt.

✉ **Adresse 1930: Leerbachstraße 39 in Frankfurt**

GEMA STAGMA | Die ›Staatlich genehmigte Gesellschaft zur Verwertung musikalischer Urheberrechte‹ hatte ihr Büro am Adolf-Hitler-Platz 7–11 (heute: Theodor-Heuss-Platz) in Berlin-Charlottenburg

GR. SCHAUSPIELH. | Das Große Schauspielhaus am Gendarmenmarkt in Berlin wurde 1800–1802 nach Plänen des Architekten Carl-Ferdinand Langhans (1732–1808) als Königliches Nationaltheater unter der künstlerischen Leitung des Dramatikers August Wilhelm Iffland (1759–1814) erbaut. Das Theater brannte 1817 aus. Zwischen 1818 und 1821 errichtete Karl Friedrich v. Schinkel (1781–1841) auf den alten Grundmauern einen klassizistischen Theaterneubau. Von 1919 bis 1933 wurde das Haus von Leopold Jessner (1878–1945) geleitet, der zugleich ab 1925 auch als Lehrer an der Staatlichen Schauspielschule der Musikhochschule tätig war. Jessner revolutionierte den Regiestil des Theaters hin zum abstrakten Expressionismus. Der Sozialdemokrat und Jude Jessner emigrierte 1933 nach England, nachdem er bereits 1930 zum Rücktritt gezwungen worden war und die Staatliche Schauspielschule geschlossen wurde. Von England übersiedelte er 1936 dann weiter nach Palästina, 1937 in die USA. Das Große Schauspielhaus wurde als Bestandteil der Preußischen Staatstheater nazifiziert, Intendant war während der NS-Zeit der Schauspieler und Regisseur Gustaf Gründgens. Heute wird es als ›Konzerthaus‹ genutzt.

✉ **Gendarmenmarkt in Berlin-Mitte**

GLORIA PAL. | Das Kino ›Gloria-Palast‹ wurde 1925 von Ernst Lessing und Max Bremer im ›Romanischen Haus‹ erbaut, im gleichen Hause befand sich im Erdgeschoß das ›Romanische Café‹. Unter der Leitung des Chefs der ›Gloria-Filmgesellschaft‹, Hanns Lippmann, gehörte es in den 20er Jahren zu den herausragenden Kinopalästen Berlins und galt als Premierentheater vornehmsten Stils. Die Eröffnung fand 1926 unter Anwesenheit der gesamten Berliner Prominenz statt. Hier gehörten die Berühmtheiten des damaligen Kinos, wie

links das Kino ›Gloria-Palast‹ an der Kaiser-Wilhelm-Gedächtniskirche, um 1930

Fritz Murnau, G.W. Pabst, Pola Negri, Lilian Harvey und Emil Jannings, zu den Premierengästen.

✉ **Kurfürstendamm 10 in Berlin-Charlottenburg**

GAS | Unter der angegebenen Telefonnummer erreichte man die Berliner Gaswerke. 1826 wurde in Berlin die erste ›Gaserleuchtungsanstalt‹ errichtet. Am 19. September 1826 brannten die ersten gasbetriebenen Straßenlaternen in Unter den Linden. Die öffentliche Gasversorgung Berlins erfolgte ab 1847 durch die Städtischen Berliner Gaswerke und diente zunächst ausschließlich für die Straßenbeleuchtung.

G

GROTRIAN | Die Braunschweiger Pianofortefabrik Grotrian-Steinweg war eine bedeutende deutsche Klavierbauerfirma. Hindemith vermittelte ihr während seiner Arbeit als Koordinator für den Aufbau des türkischen Musiklebens mehrere Aufträge nach Ankara. Am 6. Juli 1937 bedankte sich der Firmeninhaber: ›Wir möchten Ihnen recht herzlich danken, lieber Herr Professor, daß wir durch Ihre Fürsprache nun wieder diesen schönen Auftrag nach Ankara bekommen haben und dürfen Sie versichern, daß wir wieder Instrumente liefern werden, die Ihrer Empfehlung Ehre machen.‹
Die Telefonnummer gehörte zur ›Alleinvertretung‹ von Grotrian & Steinweg Braunschweig in Berlin durch Max Porth.

✉ **Tauentzienstraße 7 in Berlin-Charlottenburg**

GIESEKING | Walter Gieseking (5. November 1895 Lyon bis 26. Oktober 1956 London), Pianist. Gieseking studierte am Konservatorium in Hannover und war ab 1918 einer der erfolgreichsten Pianisten in Europa, ab 1926 auch in den USA. Mit Hindemith war er seit Mitte der 20er Jahre befreundet. Er sollte im Oktober 1936 die Uraufführung von Hindemiths *Erster Sonate für Klavier* (1936) spielen, die jedoch aufgrund des unmittelbar zuvor verfügten Aufführungsverbots von Kompositionen Hindemiths nicht stattfinden konnte. Giesekings Haltung in der NS-Zeit kommentierte Hindemith am 25. August

Paul Hindemith mit Walter
Gieseking und dem Dirigenten
Otto Klemperer, 1931

1938 in einem Brief an Gertrud Hindemith: ›Auch diese Zusammenkunft konnte einen von der Notwendigkeit überzeugen, hier die Segel zu streichen.‹ Gieseking gab am 9. November 1944 ein Konzert unter der musikalischen Leitung des Emigranten Ernst Praetorius in Ankara.

✉ **Alexanderstraße 2 in Hannover**

GEISMAR | Dr. Berta Geissmar (14. September 1892 Mannheim bis 3. November 1949 London) genannt Berthel, persönliche Sekretärin des Dirigenten Wilhelm Furtwängler. Als Gustav Havemann (siehe Eintrag) und Mitglieder des Berliner Philharmonischen Orchesters 1934 die ›Säuberung‹ des Orchesters von jüdischen Musikern betrieben, forderten sie auch die Entlassung der jüdischen Assistentin Geissmar. Sie emigrierte 1935 nach London und war dort ab 1936 Assistentin von Sir Thomas Beecham. Paul Hindemith traf sie im Dezember 1937 bei einem seiner Konzerte in Glasgow. 1945 veröffentlichte sie ihre Autobiographie unter dem Titel ›Im Schatten der Politik‹ in Zürich (1996 unter dem Titel ›Taktstock und Schaftstiefel‹ in Köln veröffentlicht). Dort schreibt sie über Hindemith: ›Hindemith war ein unkomplizierter und hochbegabter Mensch, immer geradeheraus. Die Angriffe, mit denen die Nazis ihn überhäuften, vermochten ihn nicht aus der Ruhe zu bringen.‹

✉ **Dörnbergstraße 6 in Berlin-Tiergarten. Die Straße wurde 1980 überbaut.**

GOETZ | Der Modesalon von Richard Goetz gehörte zu den bekanntesten Häusern der Berliner Künstler-Szene. Der Salon wurde im Juni 1938 ›arisiert‹. 1939 steht der Betrieb nicht mehr im Berliner Telefonbuch. Richard Goetz emigrierte wahrscheinlich in die USA.

✉ **Kurfürstendamm 213 in Berlin-Charlottenburg**

GEORGE

GLEIM | Erwin Gleim war ein Vetter von Gertrud Hindemith, der in München lebte. Er war leidenschaftlicher Skifahrer und unternahm

G

im Frühjahr 1939 mit Gertrud Hindemith im schweizerischen Exilort Bluche Skitouren: ›Er fährt akrobatisch fabelhaft und ist außerdem ›wurzenhaft‹ gutmütig, so daß er sich mit seiner alten Base schleppte und ihr große Fortschritte angedeihen ließ. Nächstes Jahr wenn wirs Läben behalten müssen wir anders vorgehen, als in diesem. Zunächst brauchen wir neue Ski. [...] Erst sagte es mir Lehner, doch ich hielt es für industrielle Tüchtigkeit, Erwin bestätigte es mir aber dringendst und beschwor mich, mit diesen Bretteln nur noch a guats Feuerchen zu machen‹, berichtete Gertrud am 6. März 1939.

✉ **Hiltensbergerstraße 53 in München**

GOLDBERG | Szymon (Simon) Goldberg (1. Juni 1909 Wloclwacek bis 19. Juli 1993 Toyama/Japan), Geiger und Konzertmeister. Goldberg war von 1929 bis 1933 Konzertmeister des Berliner Philharmonischen Orchesters und seit 1931 Mitglied des Streichtrios mit Emanuel Feuermann (Cello) und Paul Hindemith (Bratsche) als Nachfolger des früh verstorbenen Geigers Josef Wolfsthal. Ebenso wie Feuermann war es auch Szymon Goldberg nach Hitlers Ernennung zum Reichskanzler kaum noch möglich, in Deutschland öffentlich aufzutreten. Das Trio spielte in Antwerpen am 17. März 1933 die Uraufführung von Paul Hindemiths *2. Streichtrio* (1933) und blieb noch bis März 1934 zusammen. Goldberg, der 1934 nach Holland emigrierte, wurde während einer Asien-Tournee 1941 von den Japanern in Java interniert und kam von dort 1945 in die USA. Ab 1969 lebte er in England.

✉ **Adresse 1932: Wilhelmshöher Straße 16 in Berlin-Wilmersdorf**

Y. GEORGI | Yvonne Georgi (siehe Eintrag Arntzenius)

GÖRTEL | Martha Goertel (geboren 18. April 1885 Berlin) hatte einen Laden für Kunst, Kunstgewerbe ›und modische Neuheiten‹. 1931 ist sie auch im ›Jüdischen Adreßbuch von Groß-Berlin‹ unter derselben Adresse verzeichnet. Nach der ›Arisierung‹ ihres Geschäftes wurde sie zur Zwangsarbeit bei der Firma Werner Pause in der Wallstraße11–12 in Berlin-Mitte verpflichtet. Den Weg vom Bayrischen Viertel bis

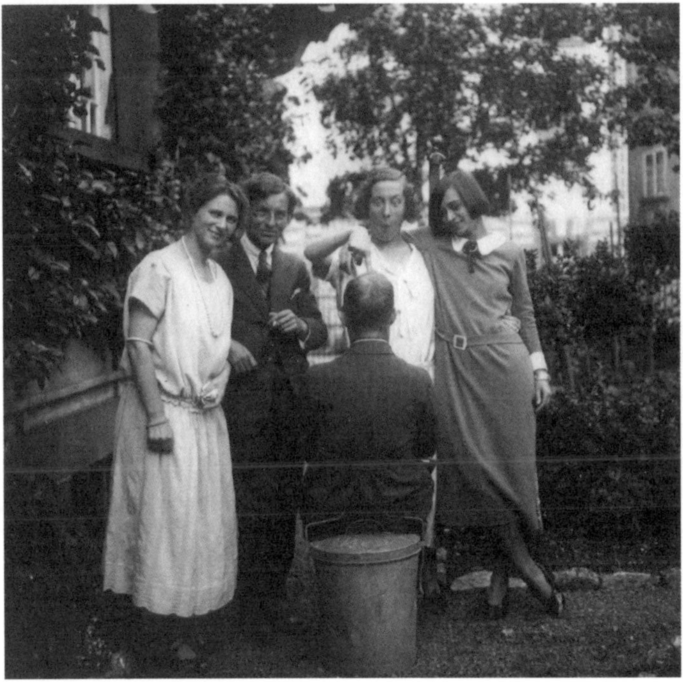

Mit Gertrud Hindemith
und Yvonne Georgi in
Donaueschingen, 1925

G

nach Berlin-Mitte mußte sie, wie alle jüdischen Zwangsarbeiter, täglich zu Fuß zurücklegen. Sie wurde mit dem 19. Transport vom 5. September 1942 nach Riga deportiert und ist dort ›verschollen‹.

✉ **Passauer Straße 2 in Berlin-Schöneberg**

GENZMER | Die Telefonnummer gehörte zu Ernst Genzmer, ›Künstlermagazin‹, in der Kaiserallee 64 (heute: Bundesallee) in Berlin-Wilmersdorf. Möglicherweise dort auch zu erreichen:
Harald Genzmer (geboren 9. Februar 1909 in Blumenthal/Bremen), Komponist. Genzmer studierte ab 1927 bei Paul Hindemith an der Musikhochschule Berlin. In einem 1984 veröffentlichten Artikel erinnerte er sich: ›Neun Uhr morgens – äußerst präzis – begann der Unterricht [...] in Kontrapunkt und Fuge. Es wurde sehr genau, sehr hart gearbeitet. Manchmal gab es sogar Tränen, und ab und zu verließ jemand den Unterrichtsraum, um nie wieder zu erscheinen, weil die Anforderungen einfach zu hoch waren. Etwa von viertel nach elf bis zwei Uhr: Kompositionsunterricht. [...] Dann anschließend bis etwa vier Uhr Seminar. Es wurden Theoriebücher durchgesprochen. [...] Danach stiegen wir in den 4. Stock hinauf, wo sich die Rundfunkversuchsstelle angesiedelt hatte. Friedrich Trautwein arbeitete dort am Trautonium; er hatte dieses elektroakustische Instrument 1930 erfunden, und Hindemith interessierte sich sehr für die Weiterentwicklung. [...] Dann ist es fünf Uhr. Frau Hindemith wartet schon unten im Wagen, zwei Studenten quetschen sich hinten rein, und es geht in die Hindemith'sche Wohnung am Sachsenplatz [...].‹ Genzmer gehörte zu den Mitspielern, wenn Hindemith in seiner Berliner Wohnung die Spielzeugeisenbahn aufbaute und Züge nach perfekt ausgeklügelten Plänen fahren ließ. 1934 verteidigte Genzmer in einem Brief an Fritz Stein, den Direktor der Musikhochschule Berlin, seinen Lehrer Hindemith gegen öffentliche Angriffe: ›Staatsrat dr. furtwängler hat über die dinge das notwendige gesagt. Falls aber trotzdem noch versucht werden sollte, ihn aus seiner hochschulstellung zu drängen, so bitte ich Sie, mich zu benachrichtigen, damit ich durch mündlichen oder schriftlichen bericht vielleicht dazu beitragen kann, über hindemiths lehrzeit zu sprechen.‹ Am

28. Oktober 1940 wurde in einem Sonderkonzert zeitgenössischer Musik des Berliner Philharmonischen Orchesters unter der Leitung von Carl Schuricht Genzmers *Konzert für Trautonium und Orchester* uraufgeführt. Im gleichen Jahr wurde seine Auftragskomposition *Fliegermusik* für das Reichsluftfahrtministerium an der Musikhochschule uraufgeführt. Genzmer arbeitete ab 1938 an der Musikschule Neukölln in Berlin, während des Krieges war er Wehrmachtsmusiker. Ab 1956 war Genzmer an der Musikhochschule München tätig.

✉ **Kaiserallee 137 (heute: Bundesallee) in Berlin-Wilmersdorf, ab 1941: Wilmersdorfer Straße 92 in Berlin-Charlottenburg**

G

GOLDBERG | Szymon Goldberg (siehe Eintrag) hier unter neuer Adresse: Tulpenstraße 10 in Berlin-Lichterfelde

GOETTE HAMBURG | Die Konzertdirektion Dr. Rudolf Goette wurde 1933 in Hamburg gegründet. Sie existiert noch heute, jedoch unter anderer Adresse (Brahmsallee 6) in Hamburg.

✉ **Adresse bis 1949: Am Neuen Wall in Hamburg**

GRÜMMER, PAUL | Paul Grümmer (26. Februar 1879 Gera bis 30. Oktober 1965 Zug/Schweiz), Cellist. Paul Grümmer war bereits 1925 als Nachfolger von Hugo Becker für die Leitung einer Cello-Klasse an der Musikhochschule vorgesehen, lehnte dann jedoch zunächst aus finanziellen Gründen ab. Grümmer wurde am 1. Oktober 1933 an die Musikhochschule Berlin berufen. Gemeinsam mit Hindemith trat er 1933 und 1934 in Konzerten Alter Musik auf, bei denen auf historischen Instrumenten der von Curt Sachs (siehe Eintrag) geleiteten Sammlung gespielt wurde.

✉ **Adresse 1934: Budapester Straße 34 in Berlin-Tiergarten**

SAL.GRETE | Im Hause Kurfürstendamm 35 gab es eine Filiale der Drogeriekette ›Kopp & Joseph‹, der möglicherweise der ›Salon Grete‹ angeschlossen war.

✉ **Kurfürstendamm 35 in Berlin-Charlottenburg**

Paul Hindemith beim Ausflug
mit Studenten, 1934,
links Remi Gassmann

GASSMANN | Remi Gassmann (geboren 30. Dezember 1908 in St. Marys/Kansas), Student an der Musikhochschule Berlin. Gassmann war ab 1934 Schüler von Paul Hindemith. Am 11. Januar 1937 teilt ihm Dir. Fritz Stein (siehe Eintrag) an seine Wohnadresse in Straßburg mit, daß sein Hauptfachlehrer Paul Hindemith wegen seines Türkei-Aufenthaltes beurlaubt ist, und bittet um Mitteilung, ob Gassmann gleichwohl immatrikuliert werden will. Im Juli 1937 arbeiteten Hindemith und Gassmann an einer Übersetzung seiner ›Unterweisung im Tonsatz‹ ins Englische: ›Es ist eine irre Arbeit, englische Ausdrücke für all die vielen Wortverbindungen und Fachbezeichnungen zu finden. Vieles hat er natürlich auch nicht richtig verstanden oder durch freie Übersetzung nicht haargenau ausgedrückt‹, berichtet Hindemith am 21. Juli 1937 seiner Frau.

✉ **Adresse 1937: Allee de la Robertsau 69 in Straßburg**

G

Paul Hindemith mit
Arthur Honegger
in Venedig,
1936 oder 1938

Kompositionsunterricht am
Trautonium in der Musikhoch-
schule, links Friedrich Trautwein

Die Rundfunkversuchsstelle an
der Berliner Musikhochschule

HONNEGGER | Arthur Honegger (10. März 1892 Le Havre bis 27. November 1955 Paris), Komponist. Honegger gehörte ab 1920 zur Gruppe ›Les Six‹. Hindemith war mit Honegger seit den Donaueschinger Musiktagen der Jahre 1921 bis 1926 bekannt. Das Amar-Quartett hat mehrere Kompositionen Honeggers aufgeführt. Auch in Berlin und 1935 in Paris traf Hindemith mit Honegger zusammen.

✉ **Square Chabrier 1 in Paris**

HOCHSCHULE | Die ›Staatliche Hochschule für Musik‹ Berlin wurde 1869 als ›Schule für Instrumentalmusik‹ an der Königlichen Preußischen Akademie der Künste gegründet, im gleichen Jahr wurde sie unter Leitung von Josef Joachim in ›Hochschule für ausübende Tonkunst‹ umbenannt. Ab 1902 befand sich die ›Königliche Hochschule für Musik‹ – gemeinsam mit der ›Königlichen Hochschule für Bildende Künste‹ – im neu errichteten Gebäude am Steinplatz in Berlin-Charlottenburg. Die Berufung von Franz Schreker (siehe Eintrag) zum Direktor und von Georg Schünemann (siehe Eintrag) zu seinem Stellvertreter führte ab 1920 zu einer radikalen Reform der Musikausbildung in Berlin. Zu den Neuerungen gehörte die Einrichtung der Rundfunkversuchsstelle, die Einrichtung eines Phonogramm-Archivs und die Einführung des Faches Filmmusik. Nach dem Wechsel Schrekers zur Akademie der Künste und der Absetzung Schünemanns 1933 übernahm Fritz Stein (siehe Eintrag), Mitglied der NSDAP, die Leitung.

Bereits Ende 1932 wurden insbesondere jüdische Lehrkräfte entlassen, ab 1933 wurde die Hochschule ›gesäubert‹, zu den Entlassenen gehörte im Juni 1933 Hindemiths Kollege im Streichtrio Emanuel Feuermann (siehe Eintrag). Hindemith kündigte 1937 seine Lehrtätigkeit aus kulturpolitischen Gründen. Im Krieg wurde das Gebäude stark beschädigt.

1945 wurde die Hochschule neu gegründet. Paul Hindemith war als Direktor im Gespräch, eine offizielle Berufung scheint jedoch seitens der Hochschule ausgeblieben zu sein. 1957 wurde im neu erbauten Konzertsaal Hindemiths Oratorium *Das Unaufhörliche* unter musikalischer Leitung des Komponisten aufgeführt. Seit 1975 ist die Hochschule für Musik Teil der Hochschule der Künste Berlin.

✉ **Fasanenstraße 1 in Berlin-Charlottenburg**

HUGENBERG | Alfred Hugenberg (19. Juni 1865 Hannover bis 12. März 1951 Kükenbruch). Der deutschnationale Politiker und Geheime Finanzrat war mit einer Schwester von Gertrud Hindemiths Mutter verheiratet. Zu seinem 70. Geburtstag schickten Paul und Gertrud Hindemith ihm 1935 einen Korb Obst: ›Ich habe einen großen Teil schon verzehrt und werde den Rest in den nächsten Tagen mit besonderem Vergnügen bewältigen. Mit herzlichen Grüßen für Dich und Deinen Mann, Dein Onkel Alfred‹, antwortet Hugenberg am 23. Juni 1935.

✉ **Humboldtstraße 12 in Berlin-Steglitz**

HARTMANN

✉ **Breigertstraße 75 in Essen**

HINDEMITH FRANKFURT | Sophie Hindemith (29. Januar 1868 Stammen/Hofgeismar bis 23. November 1949 Butzbach) und Antonia (Toni) Hindemith (20. Februar 1898 bis 26. Oktober 1968), Mutter und Schwester von Paul Hindemith. Die beiden Frauen lebten seit 1923 gemeinsam mit Paul Hindemith im Frankfurter Kuhhirtenturm, einem Turm der ehemaligen Stadtbefestigungsanlage am Sachsenhäuser Mainufer. Der Kuhhirtenturm wurde 1943 bei einem Bombenangriff der Alliierten getroffen und brannte völlig aus. Sophie und Toni Hindemith wurden ins hessische Butzbach nördlich von Frankfurt evakuiert, wo sie bis zu ihrem Tode lebten. Zu seiner Mutter hatte Paul Hindemith lebenslang ein besonders inniges Verhältnis.

HEITMANN | Fritz Heitmann (9. Mai 1891 Hamburg bis 7. September 1953 Berlin), Organist und Kirchenmusiker. Fritz Heitmann wurde 1923 Lehrer an der Hochschule für Kirchen- und Schulmusik in Berlin und dort 1925 zum Professor ernannt. Heitmann gehörte zu den Funktionären des ›Kampfbundes für Deutsche Kultur‹ in Berlin, der 1933 die ›Säuberung‹ der Hochschule verlangte. Er blieb nach 1945 dort als Lehrer tätig.

✉ **Adresse 1934: Barbarossastraße 26 a in Berlin-Schöneberg**

HOTEL ›EXCELSIOR‹ | Das Hotel ›Excelsior‹ des Geheimkommerzienrats Curt Elschner befand sich am Anhalter Bahnhof in unmittelbarer Nähe des Gebäudes der Philharmonie.

✉ **Anhalter Straße 6/7 in Berlin-Kreuzberg**

HOTEL ›FÜRSTENHOF‹ | Das Hotel ›Der Fürstenhof‹ residierte 1934 am Potsdamer Platz in Berlin-Tiergarten.

HOTEL ›AM KNIE‹ | Gemeint ist das ›Grandhotel Am Knie‹ in der Bismarckstraße 1 in Berlin-Charlottenburg; der Begriff ›Am Knie‹ bezeichnete im Berliner Umgangston die Kreuzung Hardenbergstraße/ Bismarckstraße, weil dort die spätere Ost-West-Achse (von Unter den Linden bis zum Adolf-Hitler-Platz) einen Knick machte. Nach dem Krieg wurde dort ein Kreisverkehr eingerichtet. 1953 fand hier die Trauerfeier für den Mitemigranten Hindemiths in der Türkei und ersten West-Berliner Bürgermeister Ernst Reuter (1889–1953) statt – der Platz wurde daraufhin in Ernst-Reuter-Platz umbenannt.

HOCHSCHULE F. LEIBESÜB. | Die ›Deutsche Hochschule für Leibesübungen‹, gemeinsam verwaltet von der Reichsregierung, der Reichswehr und den Berliner Universitäten, bildete als erstes wissenschaftliches Institut Deutschlands Sportlehrer aus. 1922 bezog die Hochschule Räume auf dem Gelände des 1913 erbauten ›Deutschen Stadions‹ (Architekt: Otto March) in Charlottenburg, sie verwaltete auch die Rennbahn im Grunewald. Mit dem Bau des ›Reichssportfeldes‹ nach Entwürfen des Architekten Werner March anläßlich der Olympischen Spiele 1936 wurde die Hochschule in das Gelände des Olympiastadions integriert.

✉ **Genthiner Straße 34 in Berlin-Charlottenburg**

HARMS | Hermann Harms hatte einen Salon für Fußpflege am Hohenzollerndamm 139 in Berlin-Wilmersdorf.

HAMMELMANN | Georg Hammelmann war Kynologe und wohnte 1934 in der Zähringer Straße 14 in Berlin-Wilmersdorf. Er kümmerte sich vermutlich um die Hunde des Ehepaares Hindemith.

HEDWIGSKIRCHE, KAPLAN PABEL | Die katholische St. Hedwigskathedrale in Berlin-Mitte wurde 1747–1773 nach Entwürfen des Architekten Hans Georg Wenzeslaus von Knobelsdorff (1699–1753) errichtet. Gertrud Hindemith, evangelisch getauft, konvertierte 1938 zum katholischen Glauben. Hermann Pabel (21. Februar 1921 in Breslau bis 1943 an der Ostfront vermißt), wurde 1927 Dom-Kaplan, Organist und Chorleiter an der St. Hedwigskathedrale in Berlin. 1935 beurlaubt, trat er zu den Altkatholiken über und wurde Dozent für Musikwissenschaft in Hirschberg.

✉ **Opernplatz (heute: Bebel-Platz) in Berlin-Mitte**

HÜBSCHMANN | Werner Hübschmann (geboren am 23. Juli 1901 in Chemnitz), Komponist. Er gehörte dem Kreis um Hermann Scherchen (siehe Eintrag) an, der im Januar 1928 auch eines seiner Werke im Berliner Rundfunk uraufführte. Im Berliner Telefonbuch steht er als ›Privatlehrer‹.

✉ **Björnsonstraße 25 in Berlin-Steglitz**

V. HORNBOSTEL | Erich Moritz von Hornbostel (25. Februar 1877 Wien bis 28. November 1935 Cambridge), Musikwissenschaftler. Seit 1923 war er Leiter des Phonogramm-Archivs an der Musikhochschule Berlin. 1931 ist er auch im ›Jüdischen Adreßbuch von Groß-Berlin‹ verzeichnet. Er gehörte im Frühling 1932 neben Hindemith und Béla Bartòk zu den Teilnehmern am ›Kongreß für arabische Musik‹ in Kairo. 1933 wurde er aus rassischen Gründen entlassen, er emigrierte über die Schweiz in die USA und war von 1933 bis 1934 Lehrer an der New School for Social Research in New York (siehe die von Hinde-

Das ›Hotel am Knie‹, dem heutigen Ernst-Reuter-Platz, existiert nicht mehr.

Die St. Hedwigskathedrale am Opern-Platz (heute: Bebelplatz) in Berlin-Mitte, 1931

Auszug aus der Berliner Wohnung,
August 1938

mith eingefügte Adresse in 66 W, 12th Street in New York). Von den Bermudas schickte er Hindemiths am 11. Mai 1934 eine Postkarte: ›Ich habe Sie keineswegs vergessen, im Gegenteil, hier im phantastisch farbigen, sonnigen und blütenduftenden Paradeis muß ich besonders oft an unsere schönen gemeinsamen Wochen in Ägypten denken u. kriege dann allemal Sehnsucht nach einem schönen langen Buchstabenspiel. Kommen Sie nicht mal zu solchen u. anderen Taten in den wilden Westen? Das wäre lustig!‹ 1934 übersiedelte Hornbostel nach England und unterrichtete an der Universität Cambridge.

✉ **Adresse bis 1933: Arndtstraße 40 in Berlin-Steglitz**

HÖFFER | Paul Höffer (21. Dezember 1895 bis 31. August 1949 Berlin), Komponist. Paul Höffer wurde 1926 als Lehrer an die Musikhochschule berufen und 1936 verbeamtet, im gleichen Jahr erhielt er eine Goldmedaille für die Komposition des *Olympischen Schwurs*. Nach 1945 bemühte er sich vergeblich um die Rückkehr Paul Hindemiths an die Hochschule in Berlin, wollte jedoch zugleich selbst die Leitung des Instituts übernehmen. 1946 wurde er zunächst Lehrer am Internationalen Musikinstitut in Berlin-Zehlendorf, von 1948 bis zu seinem Tode war er Direktor der Berliner Musikhochschule.

✉ **Adresse 1934: Am Hegewinkel 20 in Berlin-Zehlendorf**

HERTLING | E. Hertling hatte einen Betrieb für ›Fuhrwesen, Kessel- und Autotransport, Lagerhaus‹. Hindemiths hatten die Spedition 1938 engagiert, um auf dem Wege ins Exil ihre Berliner Bestände nach Frankfurt bzw. Bluche in die Schweiz bringen zu lassen. ›Falls Du unnötigerweise noch eine Frankfurter Kiste machen willst oder die deckellose Kiste aus dem Keller sonstwie zum Versand benutzen willst, mußt Du Dir bei Bolle oder beim arischen Wasservogel einen Deckel besorgen, oder aber Du nimmst eine von Hertlings deckelbehafteten Kisten‹, rät Paul Hindemith am 10. August 1938 seiner Frau, die das Packen in Berlin verantwortete. Die Spedition Hertling existiert noch heute an gleicher Stelle.

✉ **Sophie-Charlotte-Straße 15 in Berlin-Charlottenburg**

HAVEMANN | Gustav Havemann (15. März 1882 Güstrow bis 2. Januar 1960 Schöneiche bei Berlin), Geiger und Komponist. Havemann war Primgeiger im ›Havemann-Quartett‹, das 1921 gebeten wurde, Hindemiths *4. Streichquartett* op. 16 uraufzuführen und dies mit der Begründung ablehnte, das Werk sei ›unspielbar‹. Er wurde 1920 als Lehrer an die Musikhochschule Berlin berufen. 1932/33 leitete er das ›Kampfbund-Orchester‹ des ›Kampfbundes für Deutsche Kultur‹ sowie das ›Reichskartell der deutschen Musikerschaft‹, ab 1934 den Fachverband der Reichsmusikerschaft in der Reichsmusikkammer, er blieb zugleich jedoch Lehrer an der Musikhochschule. Er war an der umfassenden ›Säuberung‹ der Hochschule für Musik beteiligt, setzte sich aber gleichzeitig für einen Verbleib Hindemiths an der Hochschule ein. Im Januar 1936 berichtete Havemann vertraulich an Staatskommissar Hans Hinkel über Hindemiths Konzerte in London und dessen Komposition der *Trauermusik für King George V.*: ›Dieser Auftrag stellt zweifellos eine besondere Ehrung für einen deutschen Komponisten dar.‹ Nach 1945 lebte Havemann zunächst in Babelsberg, unterrichtete vorübergehend in Cottbus und übernahm 1951 eine Professur an der Hochschule für Musik in Ost-Berlin.

✉ **Adresse 1934: Berliner Straße 145 in Neubabelsberg/Potsdam**

HEINISCH | Rudolf Heinisch (14. Mai 1896 Leipzig bis 22. November 1956 Berlin), Maler. Heinisch lebte bis 1934 in Frankfurt und war seit Anfang der 20er Jahre eng mit Paul Hindemith befreundet. Bei der Hochzeit von Gertrud und Paul Hindemith am 15. Mai 1924 war er Trauzeuge. 1929 war er als Bühnenbildner für die Uraufführung von Hindemiths Oper *Neues vom Tage* im Gespräch, die Bühnenausstattung übernahm dann jedoch Traugott Müller.

Heinisch illustrierte den Notentext zu Hindemiths Spiel für Kinder *Wir bauen eine Stadt* (1930). In Berlin trafen Hindemiths und Heinischs sich regelmäßig und unternahmen mehrmals gemeinsame Reisen. Heinisch hat zahlreiche Porträts von Hindemith gemalt. An ihre Hochzeit mit Rudolf Heinisch am 15. Dezember 1934, bei der Hindemith Trauzeuge war, erinnert sich Erika Heinisch: ›Der Beamte

Paul Hindemith mit dem Maler
Rudolf Heinisch

H

(bisher steif-preußisch, wie es sich gehört, besonders wenn man ein Hakenkreuz-Abzeichen im Knopfloch trägt) beugte sich plötzlich über Pauls Schulter und fragte leise: Sind Sie der berühmte…? Paul ließ ihn gar nicht aussprechen und sagte nur ganz laut in seiner bekannten trockenen Tonart: Jawohl, ich bin der berühmte…!‹ Nach dem Krieg versorgten Hindemiths das Ehepaar Heinisch mit Care-Paketen.

HILDENBRAND | Der Journalist und Schriftsteller Friedrich Hildenbrandt war von 1934 bis 1935 Nachbar von Hindemiths.

✉ **Sachsenplatz 3 (heute: Brix-Platz) in Berlin-Westend**

HOKE | Rolph Hoke war Hindemiths Sportlehrer. In seinem Hause gab es bis 1938 keinen Telefonanschluß, Hoke benutzte offensichtlich das Telefon des ›Cigarrenladens‹ in der Nachbarschaft. Ab 1938 steht Hoke als ›Hochschulsportlehrer‹ im Berliner Adreßbuch. 1943 ist er nicht mehr verzeichnet.

✉ **Manteuffelstraße 38 in Berlin-Tempelhof**

APOTHEKER HANS COHN | Der Apotheker Hans Cohn wohnte 1939 in der Zähringer Straße 18 in Berlin-Wilmersdorf.

✉ **Adresse der Apotheke: Kurfürstendamm 182 in Berlin-Charlottenburg**

HOLZ & STAHR | Die Firma ›Holz & Stahr GmbH‹ war eine Reparatur-Werkstatt für ›Adler-Wagen‹.

✉ **Gneisenaustraße 74–79 in Berlin-Kreuzberg**

HALBIG | Hermann Halbig (26. März 1890 Düsseldorf bis 7. Oktober 1942 Scharbeutz), Musikhistoriker. Halbig war seit 1927 Professor für Musikgeschichte und Gregorianik an der Staatlichen Akademie für Kirchen- und Schulmusik in Berlin, trat angeblich in die NSDAP ein, nachdem er wegen des Vorspielens ›entarteter‹ Musik im Unterricht angegriffen worden war. Er musizierte gemeinsam mit Hindemith auf historischen Instrumenten.

HEINISCH | Rudolf Heinisch (siehe Eintrag) hier mit Adresse in Berlin: Gotzkowskystraße 21 in Berlin-Tiergarten

HUNDESTEUER | Die Hundesteuer wurde vom Bezirksamt im Rathaus Charlottenburg eingezogen.

HEPNER | Der Kaufmann Max Hermann Hepner war Nachbar von Hindemiths und wohnte im gleichen Haus.

✉ **Sachsenplatz 1 (heute: Brix-Platz) in Berlin-Charlottenburg**

H

HOFFMANN BEHRENDT | Lydia Hoffmann-Behrendt (1. September 1890 Tiflis bis 15. Februar 1971 Hanover/N.H.), Pianistin. Von 1923 bis 1934 unterrichtete sie am Stern'schen Konservatorium in Berlin. Sie emigrierte 1934 in die USA und lebte in Buffalo. Paul Hindemith traf sie während seiner Amerika-Tourneen in den Jahren 1937, 1938 und 1939 wieder und gab mehrfach gemeinsam mit ihr Konzerte. Familie Hoffmann-Behrendt war offenbar ebenso tierlieb wie das Ehepaar Hindemith, wie aus einem Brief Hindemiths an seine Frau vom 13. März 1938 hervorgeht: ›Zum Mittagessen war ich bei Hoffmann-Behrendts. Sie wohnen in einem netten kleinen Haus etwas außerhalb; er ist so was wie Stadtbaumeister und fühlt sich offenbar wohl hier. Peggy, der Hund, sehr schön getrimmt und zur Feier des sachverständigen Besuchs for show gekämmt und gestriegelt, war völlig närrisch mit Bällchen, Kätzchen und sonstigen Attraktionen, und ich wunderte mich gar nicht, daß bei einer derartig spinneten Mutter und einem auch nichts zu wünschen übrig lassenden Vater wie Alfi solche phantastischen Erscheinungen wie der Kerry oder der Zottel zutage kommen.‹

✉ **Hanauer Straße 45 in Berlin-Wilmersdorf**

HORNBOSTEL | Erich Moritz von Hornbostel (siehe Eintrag) hier mit der Exiladresse in New York: 66 West 12th Street New York City (das ist die Adresse der New School for Social Research)

HEINISCH | (siehe Eintrag) mit anderer Berliner Adresse: Kaiserplatz 17 (heute: Bundesplatz) in Berlin-Wilmersdorf

DR. HENIUS | Dr. Henius war Arzt für Magen-, Darm- und Zuckerkrankheiten. Mit der Privatadresse in der Kaiserallee 210 steht er auch im ›Jüdischen Adreßbuch von Groß-Berlin‹. Bei ihm war Paul Hindemith, der immer wieder unter Magenbeschwerden litt, in Behandlung.
✉ **Kaiserallee 211 (heute: Bundesallee) in Berlin-Wilmersdorf**

HARICH-SCHNEIDER | Eta (Margarete) Harich-Schneider (16. November 1897 bis 10. Januar 1986), Pianistin und Cembalistin. Eta Harich-Schneider studierte u.a. bei Wanda Landowska in Paris. Bis 1922 war sie mit dem Schriftsteller Walter Harich verheiratet. In ihrer Wohnung am Kurfürstendamm trafen sich in den 20er Jahren Autoren wie Gottfried Benn (siehe Eintrag), Erich Kästner und Kurt Hiller. Von 1933 bis 1940 war sie Professorin an der Musikhochschule Berlin. Als Mitglied des Friedensbundes deutscher Katholiken wurde sie 1940 an der Musikhochschule als ›judenhörige politische Katholikin und Feindin der Partei‹ entlassen, emigrierte 1941 nach Japan, wo sie mit dem gleichfalls emigrierten Klaus Pringsheim, dem Schwager Thomas Manns, zusammenarbeitete. 1949 übersiedelte sie in die USA und studierte bis 1955 Soziologie an der New School for Social Research in New York. Ihr Wiedergutmachungsverfahren scheiterte.
Eta Harich-Schneider war mit Paul Hindemith beruflich und persönlich befreundet und verteidigte ihn öffentlich gegenüber Angriffen während der NS-Zeit.
✉ **Adresse bis 1941: Kurfürstendamm 136 in Berlin-Charlottenburg**

›HYGIENE‹ | ›Hygiene‹ war ein Laden für ›Parfümerie, Kosmetikartikel sowie Krankheits- und Körperpflege‹ in der Reichsstraße 21 in Berlin-Westend.

HAPPEL

Alfi und Paul Hindemith kurz nach dem Umzug an den Sachsenplatz, 1928 und bei einer Wanderung 1935

H

HEINISCH | (siehe Eintrag) hier andere Berliner Adresse: Württembergische Straße 27–28 in Berlin-Wilmersdorf

HEIDEN | Bernhard Heiden (Geburtsname: Levi) (geboren 24. August 1910 in Frankfurt/Main), Komponist. Bernhard Heiden war von 1929 bis 1933 Student bei Paul Hindemith an der Musikhochschule. Er emigrierte 1935 in die USA und war als Lehrer an der Detroit Art and Music School tätig. Von 1935 bis 1946 war er Dirigent des Detroit Music Guild Orchestras, diente jedoch von 1943 bis 1945 als Soldat der US-Army. 1946 übernahm er eine Professur an der Indiana University in Bloomington. Paul Hindemith traf ihn 1938 in Detroit: ›Wenn ich daran denke, wie verknufft und verbogen der Knabe einst zu mir kam und welche Arbeit es kostete, ihn mit Güte, Strenge, Zorn und Geduld umzubiegen, bin ich ganz stolz, daß ich aus so verschandeltem Material etwas wirklich Gerades und Brauchbares herausgeholt habe‹. schreibt Hindemith am 11. März 1938 an seine Frau.

GRETE HAHN | Grete Hahn wohnte bei Dr. Max Hahn in der Johanna-Steger-Straße 28 in Berlin-Steglitz.

JÖDE | Fritz Jöde (2. August 1887 Hamburg bis 19. Oktober 1970 Hamburg), Musikpädagoge. Fritz Jöde gehörte der Jugendmusikbewegung an und war führendes Mitglied der ›Musikantengilde‹. 1923 wurde er an die Akademie für Kirchen- und Schulmusik Berlin berufen, zugleich leitete er die Jugendmusikschule Charlottenburg. 1928 veröffentlichte er seine wegweisende Schrift ›Das schaffende Kind in der Musik‹. Jöde wurde 1936 wegen ›Dienstvergehen‹ entlassen – er selbst sah darin auch eine politische Entscheidung, da er als ›Günstling Kestenbergs‹ galt. Von 1939 bis 1943 unterrichtete er am Mozarteum in Salzburg und übernahm 1947 die Leitung des Amtes für Jugend- und Musikpflege in Hamburg. Hindemith interessierte sich zeitweise sehr für Jödes Engagement im Bereich der Laienmusikbewegung und leitete 1927 und 1928 eine Kooperation der Baden-Badener Musikfeste mit den gleichzeitig im benachbarten Lichtental stattfindenden ›Reichsführerwochen‹ der Musikantengilde in die Wege.

✉ **Adresse 1933: Humperdinckstraße 8 in Berlin-Lankwitz**

JACOBY WOLFG. | Wolfgang Jacobi (25. Oktober 1894 Bergen auf Rügen bis 15. Dezember 1972 München), Komponist. Er war von 1922 bis 1933 Theorielehrer am Klindworth-Scharwenka-Konservatorium und siedelte dann nach München über, wo er 1946 gemeinsam mit Hans Mersmann das ›Studio für Neue Musik‹ begründete.

✉ **Am Pfuhl 8 in Berlin-Lichterfelde**

JÜLICH-TAUBE | Elsa Jülich-Taube (1886 Köln bis Juni 1964 Ramat-Gan/Israel), Opernsängerin. Sie war 1921/22 am Frankfurter Opernhaus engagiert und sang die Agathe in Carl Maria von Webers Oper *Der Freischütz*. Hindemith, der von 1915 bis 1923 am Frankfurter Opernhaus als Konzertmeister tätig war, lernte sie dort kennen und war eine Weile mit ihr befreundet. Ihre Wege kreuzten sich in Berlin wieder: Elsa Jülich, die seit 1925 im Ensemble der Berliner Staatsoper sang, war mittlerweile verheiratet mit dem Kapellmeister Michael Taube (14. März 1890 bis 1972), der seit 1923 Kapellmeister der Städtischen Oper Berlin war und 1925 das ›Neue Kammerorchester‹ gegründet hatte. Hindemith wirkte mehrfach bei Konzerten mit, die Taube veranstaltete, so auch am 3. Dezember 1930 in der Berliner Singakademie. Das Ehepaar Jülich-Taube emigrierte 1934 nach Israel.

✉ **Adresse 1934: Kaiserallee 46 (heute: Bundesallee) in Berlin-Wilmersdorf**

JOCHUM | Eugen Jochum (1. November 1902 Babenhausen bis 26. März 1987 München), Dirigent. Nach dem Studium in Augsburg und München war Jochum Dirigent verschiedener Orchester, bevor er 1932 als Generalmusikdirektor zur Städtischen Oper in Berlin kam. Von dort wechselte er 1934 an die Staatsoper Hamburg. 1949 gründete er in München das Rundfunk-Sinfonieorchester, ab 1961 leitete er zusammen mit Bernhard Haitink das Concertgebouw-Orchester in Amsterdam. Jochum dirigierte am 23. Mai 1933 bei einem Konzert in der Singakademie ein Werk von Hindemith, der dazu seiner Frau schrieb: ›Abends das Konzert war todtraurig, für die Preußische Akademie reichlich blamabel. Ein Publikum wie in Osnabrück, brav doof und stur. Jochum machte mein Konzert nicht sehr gut, es gab aber ganz netten Erfolg, ich habe mich nicht gezeigt.‹

GEH.KRAUSS

KESTENBERG | Leo Kestenberg (27. November 1882 in Rosenberg bis 14. Januar 1962 Tel Aviv), Pianist und Musikpädagoge. Kestenberg war von 1918 bis 1933 Referent für Musikangelegenheiten im Preußischen Kulturministerium, in diesen Jahren betrieb er eine radikale Reform der Musikerziehung in Preußen und war unter anderem für die Neuerungen an der Berliner Musikhochschule zuständig, die auch zur Berufung Hindemiths führten. 1931 steht er mit seiner Privatadresse auch im ›Jüdischen Adreßbuch von Groß-Berlin‹. Kestenberg emigrierte 1933 nach Prag und von dort 1939 nach Palästina, wo er in der Leitung des Palästina-Orchesters mitwirkte, bis er 1945 Direktor eines Musiklehrerseminars wurde.

✉ **Adresse bis 1933: Barstraße 12 in Berlin-Wilmersdorf**

KEHM | Lisl Kehm-Hessling war Schauspielerin und lebte 1931 in der Prinzregentenstraße 75 in Berlin-Wilmersdorf. 1932 steht sie nicht mehr im Telefonbuch.

KULTUSMINISTERIUM | Gemeint ist wohl das Preußische Ministerium für Wissenschaft, Kunst und Volksbildung, das auch für religiöse Angelegenheiten zuständig war.

✉ **Unter den Linden 4 in Berlin-Mitte**

KRASSELT HANNOVER | Rudolf Krasselt (1. Januar 1879 Baden-Baden bis 12. April 1954 Andernach), Operndirigent und Cellist. Von 1924 bis 1943 war er Operndiektor in Hannover, wo er in der Spielzeit 1926/27 Hindemiths neue Oper *Cardillac* dirigierte.

✉ **Heinrichstraße 36 in Hannover**

KLEMPERER | Otto Klemperer (15. Mai 1885 Breslau bis 6. Juli 1973 Zürich), Dirigent. Klemperer war seit 1927 Generalmusikdirektor der Krolloper in Berlin. Hier leitete er mehrere Uraufführungen Hindemithscher Werke: 1927 die *Kammermusik für Solo-Bratsche und größeres*

Der Dirigent
Otto Klemperer 1931

Kammerorchester Nr. 5 op. 36 Nr. 4 (Hindemith spielte den Bratschenpart), 1929 die Oper *Neues vom Tage* (Text: Marcellus Schiffer) an der Krolloper, 1931 das Oratorium *Das Unaufhörliche* (Text: Gottfried Benn). 1933 emigrierte Klemperer nach Wien, dann in die USA und übernahm die Leitung des Philharmonic Orchestra in Los Angeles. Paul Hindemith traf ihn dort 1939 wieder und berichtete seiner Frau: ›Von einem Musikleben außerhalb der Movies kann man in dieser Riesenstadt kaum reden. Es gibt nicht mal eine richtige Musikschule. Klemperer dirigiert das Orchester, aber das steht so allein wie der berühmte Baum im Odenwald.‹
Nach dem Kriege übersiedelte Klemperer in die Schweiz, wo er auch noch Kontakt zu Hindemith pflegte. Von 1970 bis zu seinem Tode lebte er in Jerusalem.

✉ **Adresse bis 1933: Maaßenstraße 35 in Berlin-Schöneberg**

K

KAUFMANN, FERDY | Ferdy Kauffmann war Konzertmeister und wohnte in der Meierottostraße 3 in Berlin-Charlottenburg.

KORTSCHAK, HANS | Hans Kortschak war als Professor für Violoncello, Violine und Musiktheorie im österreichischen Graz tätig. Vermutlich war er der Autor einer am 23. September 1930 im ›Grazer Volksblatt‹ erschienenen Rezension über ein Konzert, bei dem Hindemith unter der Leitung von Oswald Kabasta seine *Konzertmusik für Solobratsche und größeres Kammerorchester* op. 48 gespielt hatte:
›Er selbst ist ein ausgezeichneter Meister seines Instrumentes, dem er – alte Liebe rostet nicht – nun schon etliche Konzerte und Sonaten gewidmet hat. Daß der Künstler als eigener Interpret sich selbst an seiner Musik erwärmte, konnten wir nirgends wahrnehmen. Sein stupendes Können drang nirgends in die Regionen des Herzlichen, Seelischen ein. Und so blieb auch das Publikum innerlich kühl, obwohl es äußerlich Haltung bewahrte, den Gast des Saales scharmant begrüßte und ihm auch für seine Mühewaltung liebenswürdig dankte.‹

✉ **Volksgartenstraße 11 in Graz**

KOMÖDIE | Das Theater ›Die Komödie‹ wurde 1923/24 nach Plänen von Oskar Kaufmann erbaut. In den 20er Jahren wurde das Boulevardtheater ebenso wie das benachbarte ›Theater am Kurfürstendamm‹ von Max Reinhardt geleitet. Nach Reinhardts Emigration und Enteignung (1933) wurde das Theater ab 1934 von Hans Wölffer übernommen. Es ist noch heute im Besitz der Familie Wölffer, das Gebäude wurde jedoch im Zuge der Errichtung des ›KuDamm-Karrees‹ abgerissen und 1972 durch einen Neubau ersetzt. Unter der angegebenen Nummer erreichte man das Kartenbüro und die Direktion.

✉ **Kurfürstendamm 206 in Berlin-Charlottenburg**

KORGITZSCH | Hermann Korgitzsch hatte ein Atelier für Innendekoration in der Kurfürstenstraße 73 in Berlin-Schöneberg.

KELLER | Laurent Keller war Bildhauer und wohnte in der Mecklenburgallee 6 in Berlin-Westend.

DR. KAPP | Dr. Julius Kapp (1. Oktober 1883 Seelbach/Baden bis 16. März 1962 Sont-hofen), Musikschriftsteller. Kapp war von 1920 bis 1945 Dramaturg an der Staatsoper Berlin und gründete 1921 die ›Blätter der Staatsoper und der Deutschen Oper Berlin‹, deren Herausgeber er zugleich war. 1939 steht er nicht mehr im Berliner Telefonbuch.

✉ **Lindenallee 26 in Berlin-Westend**

KRAFTVERKEHRSAMT | Das Kraftverkehrsamt gehörte zur Berliner Polizeiverwaltung und war zuständig als ›Sammelstelle für Nachrichten über Führer von Kraftfahrzeugen‹.

✉ **Blücherstraße 26 in Berlin-Kreuzberg**

DR. KALLENBACH | Dr. Heinrich Kallenbach war Direktor der Baugesellschaft G. Kallenbach GmbH am Kurfürstendamm 96 in Berlin-Halensee.

V. KNORR | Ernst-Lothar von Knorr (2. Januar 1896 Eitorf bis 30. Oktober 1973 Heidelberg), Komponist. Die Begegnung mit der Jugendmusikbewegung veranlaßte ihn, 1925 die Leitung der Volks- und Jugendmusikschule Neukölln zu übernehmen, an der zeitweise auch Paul Hindemith kostenlos Unterricht erteilte. Während des Krieges war v. Knorr Musikreferent im Oberkommando der Wehrmacht und als Verbindungsoffizier für die Ausbildung von Militärmusikern zuständig, die ab 1939 an der Musikhochschule durchgeführt wurde. 1940 wurde er dort zum Professor ernannt. Von 1941 bis 1945 war er stellvertretender Direktor der Musikhochschule Frankfurt.

✉ **Waldhüterpfad 9 in Berlin-Zehlendorf**

KRUMME STRASSE BADEANSTALT | Das Städtische Schwimmbad wurde 1898 nach Plänen des Architekten Paul Bratring erbaut und ist das älteste noch erhaltene Schwimmbad in Berlin. Es steht unter Denkmalschutz und ist noch heute in Betrieb.

✉ **Krumme Straße 10 in Berlin-Charlottenburg**

KRIEDEMANN | Die Witwe M. Kriedemann wohnte in der Ebereschenallee 36 in Berlin-Westend.

DR. KAUFFMANN | Der ›leitende Direktor‹ Dr. Robert Kaufmann wohnte in der Alsenstraße 127 in Berlin-Zehlendorf. Als spätere Adresse ist hier angegeben: Avenue de Versailles 41 in Paris.

DE KOOS | Die holländische Konzertagentur de Koos hatte offensichtlich eine zumindest temporäre Vertreterin (Grete) in Berlin.

✉ **Emdener Straße 21 in Berlin-Moabit**

FRL. KIND | Silvia Kind (geboren 15. August 1907 in Chur/Schweiz) Cembalistin. Silvia Kind studierte von 1917 bis 1925 am Konservatorium in Zürich Musikpädagogik und ab 1929 an der Musikhochschule Berlin Klavier bei Edwin Fischer, Musikgeschichte bei Georg Schünemann und Kontrapunkt bei Paul Hindemith. Von 1931 bis 1933 war

Ausflug mit Studenten, 1934

sie dort Begleiterin des Studentenchores. 1935 legte sie an der Musikhochschule ihre Konzertreifeprüfung ab, im Zeugnis von Paul Hindemith heißt es über sie: ›Frl. Kind studierte einige Zeit fleissig und eifrig Kontrapunkt. Sie ist genügend in allen nicht zu schwierigen Satzweisen bewandert.‹ 1936 wurde sie exmatrikuliert, in den Akten heißt es, sie ›mußte die Hochschule wegen antinazistischer Tätigkeit (Reden u.a.) beschleunigt verlassen‹, nachdem die Gestapo sich in der Musikhochschule nach ihr erkundigt hatte. Sie emigrierte in die Schweiz und besuchte Deutschland nur noch einmal im Jahre 1937, um anläßlich des 70. Geburtstages des Malers Emil Nolde an einer Rundfunkaufnahme mitzuwirken. 1948 übernahm sie wieder eine Lehrtätigkeit an der Musikhochschule Berlin, wo sie 1956 zur Professorin ernannt wurde. An ihre Studienzeit erinnerte sie sich 1965: ›Hindemith liebte es, große Ausflüge mit der Klasse zu machen. Meist wurde ein großer Braten, den er selber mitzubringen pflegte, am Spieß gebraten, während jeder von uns außer den obligaten ›Stullen‹ einen Kanon zum Singen liefern mußte. Schlechte Aufgaben nahm Hindemith nie übel, aber daß er mir auf einem solchen Ausflug keinen richtigen Handstand beibringen konnte, das verzieh er mir eine ganze Weile nicht.‹

K

✉ **Adresse 1934: Trautenaustraße 20 in Berlin-Wilmersdorf**

KLEINWÄCHTER | Dr. Ludwig von Kleinwächter (9. Oktober 1882 Czernowitz bis 13. März 1973 Wien), genannt ›Tex‹, Vetter von Gertrud Hindemith. Seine Mutter war die Schwester von Ludwig Rottenberg (siehe Eintrag). Vor dem Krieg war er Pressesprecher des österreichischen Auswärtigen Amtes und als solcher ein scharfer Kritiker des Nationalsozialismus. Gleich nach dem ›Anschluß‹ Österreichs war er für ca. ein Jahr im KZ Dachau und in Buchenwald inhaftiert. Er wurde nach dem Krieg österreichischer Gesandter in den USA. Zu seinem 80. Geburtstag komponierte Hindemith den Kanon *Hoch leb' der Jubilar!*

✉ **Keilgasse 7/III in Wien**

KULENKAMPFF | Georg Kulenkampff (23. Januar 1898 Bremen bis 5. Oktober 1948 Schaffhausen), Geiger. Kulenkampff war ab 1916 als Erster Konzertmeister der Bremer Philharmonie, ab 1919 auch als Konzertsolist tätig. Von 1923 bis 1926 lehrte er an der Musikhochschule Berlin, 1931 übernahm er dort eine Meisterklasse. Er siedelte 1943 in die Schweiz über, wo er die Nachfolge von Carl Flesch am Konservatorium in Luzern antrat. Bei einem Konzert im Sommer 1936 spielte Kulenkampff Hindemiths *Sonate für Violine und Klavier in E* (1935), die vom Publikum so ostentativ positiv aufgenommen wurde, daß die Reichsmusikkammer daraufhin offiziell ein Aufführungsverbot aller Hindemithschen Werke verfügte.

✉ **Adresse 1934: Konstanzer Straße 15 in Berlin-Wilmersdorf**

KUPPE | Paul Kuppe ist 1934 als ›Stud.Assessor a.D.‹ im Telefonbuch bezeichnet und war Lateinlehrer – die Zeichnung mit den Insignien SPQR (Senatus Populusque Romanus), den Staatsinsignien des Römischen Reiches, deutet darauf hin. Jeden Donnerstag und Samstag hatte er feste Termine bei Hindemith, vermutlich um ihm Privatunterricht in lateinischer Sprache zu geben.

✉ **Augsburger Straße 72 in Berlin-Schöneberg**

KRAUSS, WERNER | Werner Krauss (23. Juni 1884 Gestungshausen bis 20. Oktober 1959 Wien), Schauspieler. Werner Krauss war ab 1913 Schauspieler an Max Reinhardts Deutschem Theater in Berlin, von 1931 bis 1944 am Staatstheater Berlin. 1940 wirkte er als Darsteller im antisemitischen Film ›Jud Süß‹ von Veit Harlan mit und erhielt deshalb 1945 zunächst Auftrittsverbot. Ab 1948 war er Schauspieler am Burgtheater Wien sowie später am Schiller- und Schloßparktheater Berlin.

Gegen seinen ersten Auftritt im Dezember 1950 am Theater am Kurfürstendamm in Berlin gab es eine Protestdemonstration der Jüdischen Gemeinde, dabei wurde deren Gemeindevorsitzender Heinz Galinski von der Polizei zusammengeschlagen.

✉ **Adresse 1933: Hundekehlestraße 31 in Berlin-Dahlem**

KIKOLER | Der Architekt Max Kikoler (geboren 7. April 1887 in Berlin) wohnte in der Leibnizstraße 58 in Berlin-Charlottenburg. 1931 ist er auch im ›Jüdischen Adreßbuch von Groß-Berlin‹ verzeichnet. Max Kikoler steht 1939 noch im Berliner Telefonbuch. Im Berliner Gedenkbuch steht er nicht, genannt ist dort Arthur Kikoler (geboren 1. Dezember 1886) aus der Joachim-Friedrichstraße 49 in Berlin-Wilmersdorf, der am 3. März 1943 nach Auschwitz deportiert wurde.

✉ **Alt Moabit 85a in Berlin-Moabit**

DR. KUH | Möglicherweise Anton Kuh (12. Juli 1891 Wien bis 18. Januar 1941 New York) Schriftsteller, Satiriker und Journalist. Nach dem Studium in Wien und Berlin war Kuh als Autor in Wien, Berlin und Prag tätig. Er schrieb unter anderem für ›Die Neue Weltbühne‹. 1939 emigrierte er nach New York und veröffentlichte dort unter anderem im ›Aufbau‹.

KIND | Silvia Kind (siehe Eintrag) hier andere Adresse: Bismarckstraße 114 in Berlin-Charlottenburg, wo sie am Ende ihrer Studienzeit zur Untermiete ›bei Bethge‹ wohnte.

Das Lessing-Theater, um 1940

V. LANDGRAF

LÜBBECKE | Emma Lübbecke-Job (19. Juli 1888 Bonn bis 25. März 1982 Frankfurt), Pianistin. Sie war seit 1909 verheiratet mit dem Frankfurter Kunsthistoriker Fried Lübbecke (3. Juli 1883–25. Oktober 1965) und lernte Hindemith 1915 kennen. Als engagierte Freundin setzte sie sich für Hindemiths erste Kompositionen ein, spielte in zahlreichen Konzerten das gesamte Klavierwerk der 20er Jahre, darunter mehrere Uraufführungen. Hindemith widmete ihr den Zyklus *Das Marienleben* op. 27 (1922/23) für Sopran und Klavier.

✉ **Schöne Aussicht 16 in Frankfurt/M. (das ›Schopenhauer-Haus‹ wurde im Krieg 1943 zerstört)**

LESSING THEATER | Das Lessing-Theater in Berlin wurde 1886 gegründet. Es existiert heute nicht mehr.

✉ **Friedrich-Karl-Ufer 1 in Berlin-Tiergarten**

DR. LOTTERMOSER | Dr. E. Lottermoser war Fachtierarzt für Hundekrankheiten und kümmerte sich um Alfi. 1939 steht er nicht mehr im Berliner Telefonbuch.

✉ **Joachimsthaler Straße 25–26 in Berlin-Wilmersdorf**

LABROCA | Mario Labroca (22. November 1896 Rom bis 1. Juli 1973 Rom), italienischer Komponist. Labroca war Schüler von Ottorino Respighi und Gian Francesco Malipiero und war mit Hindemiths seit Ende der 20er Jahre bekannt. Ab 1936 war er Direktor der Musikfeste ›Maggio Musicale di Firenze‹. 1937 hielt Hindemith in diesem Rahmen drei Vorträge über Musiktheorie.

DR. LISMANN | Robert Lismann war ein Frankfurter Bankier und Bruder des Kunstschriftstellers Heinrich Lismann.

✉ **Adresse 1932: Im Trutz 27 in Frankfurt/Main**

LION, MARGO | Margo Lion (28. Februar 1904 Istanbul bis 25. Februar 1989 Paris) Kabarettistin und Chansonsängerin. Margo Lion war in den 20er Jahren eine der bekanntesten Diseusen und Chansonsängerinnen des Berliner Kabaretts. Sie arbeitete mit Friedrich Hollaender, Mischa Spoliansky und Rudolf Nelson zusammen. Sie war verheiratet mit dem Kabarett-Autor Marcellus Schiffer (1892–1932), der die Texte für Hindemiths Kurzoper *Hin und Zurück* op. 45a (1927) und die Oper *Neues vom Tage* (1929) verfaßt hatte. Nach dem Selbstmord ihres Mannes übersiedelte sie nach Paris und war dort als Filmschauspielerin tätig. Paul Hindemith traf sie 1935 in Paris wieder. 1939 emigrierte sie in die USA und wirkte mit in dem von Kurt Robitschek am Broadway rekonstruierten ›Kabarett der Komiker‹. Nach dem Krieg kehrte sie nach Frankreich zurück und trat ab 1962 zusammen mit Mischa Spoliansky wieder in Berlin (West) als Kabarettistin auf.

✉ **Neue Ansbacher Straße 12 in Berlin-Schöneberg**

LÖWENTHAL | Margret Löwenthal war mit Hindemiths während der 20er und 30er Jahre befreundet. Sie war die jüngere Schwester von Else Thalheimer-Lewertoff, die zu den Gründungsmitgliedern der Ortsgruppe Köln in der Internationalen Gesellschaft für Neue Musik gehörte. Hindemith, der auf Einladung Else Thalheimers mehrfach in Köln auftrat, spielte am 18. März 1922 seine *Sonate für Bratsche allein* op. 25 Nr. 1: ›Die zwei Sätze I & V habe ich im Speisewagen zwischen Frankfurt & Köln komponiert und bin dann gleich aufs Podium und habe die Sonate gespielt‹, schrieb er rückblickend in sein Werkverzeichnis. Else Thalheimer emigrierte gemeinsam mit ihrem Mann nach Palästina und half dort beim Aufbau des Palästina-Orchesters. Margret Löwenthal emigrierte 1940 mit Mann und Tochter in die USA und ließ sich in New Haven nieder, wo seit Herbst 1940 auch das Ehepaar Hindemith lebte.

✉ **Monschauer Platz 9 in Köln**

LADWIG | Werner Ladwig (geboren 18. August 1899 Halle/Saale), Dirigent. Als Musikdirektor des Landestheaters Oldenburg dirigierte er 1927 die Aufführung von Hindemiths Oper *Cardillac*. Seit 1928 war er Generalmusikdirektor der Oper in Königsberg.

✉ **Schloßstraße 67 in Berlin-Charlottenburg**

LEIGH | Walter Leigh (23. Juni 1905 London bis 12. Juni 1942 Tobruk), Komponist. Leigh war von 1927 bis 1929 Kompositionsschüler bei Paul Hindemith an der Musikhochschule Berlin. Paul Hindemith traf ihn 1933 in London wieder. Über die zweite Begegnung berichtet er am 6. Dezember 1937 an Getrud Hindemith: ›Gestern Mittag hat mich meine Schülerschaft Leigh, Cooke und Reizenstein eingeladen, ich kam mir vor wie ein älterer Onkel im Kreise seiner Neffen, die ihn teils bestaunen, teils als Kumpan ihrer Taten gelten lassen.‹

✉ **40 Upper Gloucester Place, London NW1**

FRAU LUBZACK

✉ **Augsburger Straße 30 in Berlin-Wilmersdorf**

L

DR. ROBERT LACHMANN | Robert Lachmann (28. November 1892 Berlin bis 8. Mai 1939 Jerusalem), Musikforscher. Er legte eine umfangreiche Sammlung mit nordafrikanischer Musik an und unternahm mehrere musikwissenschaftliche Forschungsreisen nach Libyen und Tunesien. 1927–1933 war er in der Musikabteilung der Preußischen Staatsbibliothek tätig. Mit Erich von Hornbostel (siehe Eintrag) und Johannes Wolf (siehe Eintrag Staatsbibliothek) gab er 1933 die ›Zeitschrift für vergleichende Musikwissenschaft‹ heraus, die jedoch 1935 ihr Erscheinen wieder einstellen mußte. Lachmann emigrierte nach Jerusalem, wo er Direktor des Instituts zur Erforschung jüdischer Musik wurde.

✉ **Klopstockstraße 20 in Berlin-Tiergarten**

LAUGS | Der Pianist Richard Laugs (geboren 10. März 1907) studierte von 1927 bis 1931 an der Musikhochschule Klavier in der Klasse von Artur Schnabel (siehe Eintrag) sowie Musiktheorie, Musikgeschichte und Gehörbildung.

✉ **Kantstraße 29 in Berlin-Charlottenburg**

MARGO LION-TRAUTE | (Siehe Eintrag) hier mit Adresse in Frankreich: Hotel Powers, 52 Rue François I in Paris

LIZY LÖFFLER, HEILBRONN

LAUGS | (siehe Eintrag) hier mit Adresse Wilmersdorfer Straße 73 in Berlin-Charlottenburg

LEYER | Unter der angegebenen Adresse vergab Frau H. Amfinck ab 1935 Zimmer zur Untermiete, jedoch ohne den angegebenen Telefonanschluß.

✉ **Kantstraße 19 in Berlin-Charlottenburg**

MILHAUD | Darius Milhaud (4. September 1892 Aix-en-Provence bis 22. Juni 1974 Genf), Komponist. Milhaud wurde 1918 Mitglied der Gruppe ›Les Six‹. Mit Hindemith war er seit den 20er Jahren gut befreundet. Sein 1929 komponiertes *Bratschenkonzert* ist Hindemith gewidmet, der es am 21. Januar 1930 in einer überarbeiteten Fassung uraufführte: ›Sein Konzertchen ist so viel besser, ich kann es jetzt auch fein und ganz frei und leicht spielen‹, schrieb Hindemith seiner Frau Gertrud am Tag der Premiere. Hindemith seinerseits widmete ihm seine *Konzertmusik für Bratsche und größeres Kammerorchester* op.48 (1929/30). 1940 emigrierte Milhaud in die USA und nahm am Mills College in California eine Professur an. Ab 1947 hatte er eine Professur am Conservatoire von Paris inne.

✉ **10 Boulevard de Clichy, Paris**

MÜLLER-BLATTAU | Josef Müller-Blattau (21. Mai 1895 Colmar bis 21. Oktober 1976 Saarbrücken), Musikwissenschaftler. Nach Studium und Promotion in Freiburg/Br. habilitierte er sich 1922 in Königsberg, wo er Akademischer Musikdirektor und Leiter des musikwissenschaftlichen Seminars wurde. Für die von ihm herausgegebene Hohe Schule der Musik (Berlin 1935–1938) verfaßte Hindemith 1933 bis 1935 den Beitrag ›Komposition und Kompositionsunterricht‹, in dem bereits wesentliche Gedanken seiner 1937 veröffentlichten Schrift ›Unterweisung im Tonsatz‹ formuliert sind. Offensichtlich aus opportunistisch-politischen Gründen nahm Müller-Blattau Hindemiths Beitrag dann doch nicht in seine Publikation auf.

✉ **Hagenstraße 9 in Königsberg**

MEYER DELIKATESSEN | Wilhelm Meyer hatte einen Delikatessen-Laden. 1939 steht er nicht mehr im Berliner Telefonbuch. An gleicher Stelle gibt es dort noch immer einen Delikatessenladen.

✉ **Reichsstraße 1 in Berlin-Westend**

MÜLLER GESANG | Gustav Müller steht als ›Stimmbildner‹ im Berliner Telefonbuch, bei ihm nahm offenbar Gertrud Hindemith Ge-

Mit Darius Milhaud in Paris,
um 1930

sangsunterricht. Die Zeichnung zeigt ›Wybert-Pastillen‹ gegen Heiserkeit.

✉ **Schlüterstraße 41 in Berlin-Charlottenburg**

MARCUS, DR. | Dr. Alfred Marcus (9. Juni 1876 Posen bis 27. März 1944 Theresienstadt) war Rechtsanwalt und hatte seine Kanzlei in der Kaiser-Friedrich-Straße 22 in Berlin-Charlottenburg; die angegebene Telefonnummer gehört zu seiner Privatwohnung. 1934 ist er im Berliner Telefonbuch nicht mehr verzeichnet. 1936 wird er in der Liste jüdischer Anwälte der Berliner Rechtsanwaltskammer genannt. Dort wird als Adresse die Kantstraße 49 angegeben. Alfred Marcus wurde bei der Reichsversicherung im Bezirk Berlin, Abteilung ›Abwanderungsdurchführung‹ zur Zwangsarbeit als Ordner verpflichtet. Er wurde zusammen mit seiner Frau Gertrud Marcus, geb. Meyer (geboren 7. Mai 1878) mit dem 89. Alterstransport vom 19. Mai 1943 nach Theresienstadt deportiert und starb dort am 29. Januar 1944. Seine Frau lebte nach dem Krieg in New York.

✉ **Letzte Adresse vor der Deportation: Mommsenstraße 50 in Berlin-Charlottenburg**

MELZER

MENDELSOHN, ERICH | Erich Mendelsohn (21. März 1887 Allenstein bis 15. September 1953 San Francisco, USA), Architekt. Erich Mendelsohn studierte in Berlin und war dort in den 20er Jahren als Architekt tätig. Zu seinen noch heute existierenden Bauten gehört das 1927/28 errichtete ›Universum-Kino‹ am Kurfürstendamm 153 (heute: Theater Schaubühne). 1933 wurde er von der Mitgliedschaft in der Preußischen Akademie der Künste ausgeschlossen. In seinem Haus Am Rupenhorn in Berlin-Charlottenburg fanden Hauskonzerte zeitgenössischer Komponisten statt, auch Uraufführungen von Studierenden aus Hindemiths Kompositionsklasse an der Musikhochschule. 1933 emigrierte er über Belgien und England nach Palästina, später in die USA. Die jüdische Gesangsstudentin Paula Salomon-Lindberg, die damals bei Mendelsohns als Kindermädchen arbeitete, erinnert sich in ihren 1992 veröffentlichten Memoiren an die Konzerte im Hause Mendelsohn: ›Zu diesen Konzerten kamen die Hindemiths natürlich hin, da kam der Komponist Ernst Hermann Meyer, er war damals noch ganz jung, und dann natürlich befreundete Architekten und Maler als Zuhörer. Mendelsohns hatten ja ein großes Haus. Die Hauskonzerte waren einmal im Monat, aber jeden Samstag nachmittag wurde dort musiziert, und dazu durfte ich immer jemanden von der Hochschule mitbringen.‹ Mendelsohn plante 1933 an der französischen Riviera in einer Bucht zwischen Cannes und Marseille die Einrichtung einer ›Europäischen Mittelmeerakademie‹, für deren Musikabteilung er Paul Hindemith gewinnen konnte. Das Projekt fiel den politischen Veränderungen in Deutschland zum Opfer.

✉ **Adresse bis 1933: Am Rupenhorn 9 in Berlin-Charlottenburg**

MELLMANN | Hermann Mellmann war ›General-Agent der Allianz-Versicherung‹ und hatte sein Büro in der Schloßstraße 64 in Berlin-Charlottenburg.

MANDL | Der Wiener Geschäftsmann Dr. phil. Otto Mandl (ca. 1886 bis 1956) war seit 1931 verheiratet mit der Pianistin Lili Kraus (4. März 1903 Budapest bis 6. November 1986 Ashville). Lili Kraus studierte in Wien und konzertierte in den 20er Jahren erfolgreich unter anderem mit dem Concertgebouw Orchestra unter Willem Mengelberg und den Berliner Philharmonikern unter Furtwängler (siehe Eintrag). Während ihrer Berliner Zeit von 1931 bis 1934 nahm Lili Kraus bei Artur Schnabel (siehe Eintrag) Unterricht und konzertierte gemeinsam mit Szymon Goldberg (siehe Eintrag). Auch mit Hindemith musizierte sie bisweilen. Von 1932 bis Ende 1938 lebte Familie Mandl bei Tremezzo am italienischen Lago di Como. Dort fand auch das Ehepaar Schnabel Zuflucht, mit dem Mandls sich angefreundet hatten. 1939 emigrierten Mandls über Paris nach London. 1940 endete eine geplante Konzertreise nach Ostasien in Djakarta, wo Lili Kraus von 1943 bis 1945 in einem japanischen Lager interniert war.

MAHLKE | Hans Mahlke (27. Juli 1889 bis 16. September 1959 München), Bratschist. Hans Mahlke war seit 1928 als Lehrer an der Musikhochschule tätig und wurde dort 1933 zum Profesor ernannt. Zugleich war er als Solobratschist an der Staatsoper tätig. Er blieb 1945 an der Hochschule und war dort über seine Emeritierung 1955 hinaus tätig.

✉ **Adresse 1928: Eosanderstraße 1, ab 1935 am Kaiserdamm 18, beides in Berlin-Charlottenburg**

MENDELSOHN | Erich Mendelsohn (siehe Eintrag)
jetzt mit Exil-Adresse: 24 Grosvenor Place in London

MOLTSCHANOFF | Nadzierzda Moltschanoff leitete ein Hut-Atelier am Kurfürstendamm 200, ab 1934 in der Marburger Straße 15 in Berlin-Charlottenburg.

NIESWAND | Georg Nieswand steht als ›Bankangestellter‹ im Adreßbuch.

✉ **Westendallee 71, sein Bruder wohnte in der Reichsstraße 71 in Berlin-Westend**

NABOKOFF | Nicolas Nabokov (17. April 1903 Lyubcha bei Minsk bis 6. April 1978 New York), amerikanischer Komponist russischer Abstammung. Er studierte unter anderem 1922/23 in Berlin bei Ferruccio Busoni und lebte von 1926 bis 1934 in Paris. Seit 1939 war er amerikanischer Staatsbürger. In den USA traf er im selben Jahr mit Paul Hindemith zusammen. Nabokoff, der am Well's College in Aurora am Eriesee lehrte, bemühte sich um die Einrichtung eines Sommerkurses unter Hindemiths Leitung in Aurora.

✉ **9 Rue Jacques Mawas, Paris**

NIEDECKEN | Dr. Hanns Niedecken-Gebhard (4. September 1889 Oberingelheim bis 7. März 1954 Michelstadt), Regisseur. Hanns Niedecken-Gebhard war von 1919 bis 1921 am Opernhaus Frankfurt tätig und wohl seit dieser Zeit mit Hindemith bekannt. Von 1927 bis 1929 war er Gastregisseur an der Städtischen Oper in Berlin und von 1929 bis 1931 an der Berliner Staatsoper als Regisseur tätig. Er gehörte zu den Begründern der seit 1920 jährlich stattfindenden Händel-Festspiele in Göttingen, wo er um 1925 Hindemith wieder begegnete: ›In jenen Jahren war es auch, daß Paul Hindemith einmal auf der Durchreise in Göttingen sich eine Händeloper [...] ansah. Bei dem anschließenden nächtlichen Gespräch zeigte er sich tief beeindruckt von dieser barocken Opernkunst und sagte: ›So e Oper möchte ich auch emal schreiwe, wo mer richtig Mussik mache kann.‹‹ Von 1931 bis 1933 war Niedecken-Gebhard Regisseur an der Metropolitan Opera in New York. 1933 kehrte er nach Deutschland zurück und erhielt 1936 eine Professur an der Musikhochschule Berlin. Er war 1936 Leiter des Festspiels zur Eröffnung der Olympischen Spiele in Berlin – unter Mitwirkung des Trautoniums – und führte 1937 sein Festspiel ›Berlin in sieben Jahrhunderten deutscher Geschichte‹ im Olympiastadion auf. 1940 übernahm er eine Tätigkeit im Reichspropaganda-Ministerium.

✉ **Adresse 1933/34: Kurfürstendamm 182 in Berlin-Charlottenburg, 1934–1936: Lützowstraße 61 in Berlin-Tiergarten, ab 1938: Johannesstraße 12a in Berlin-Zehlendorf**

DR. NIPPERDEY | Dr. med Wolfgang Nipperdey war Facharzt für Innere Krankheiten.

✉ **Bayernallee 44 in Berlin-Westend**

NÖTEL | Konrad Friedrich Noetel (30. Oktober 1903 bis 9. April 1947), Komponist. Konrad Noetel studierte in Hannover und Königsberg und war ab 1934 Schüler und Assistent von Paul Hindemith an der Musikhochschule Berlin. Zu Hitlers Geburtstag wurde 1934 sein Oratorium *Deutsche Zukunft* uraufgeführt. 1936 wurde er an die Musikhochschule Berlin als Lehrer für Tonsatz und für die Ausbildung der Militärmusiker berufen. 1939 wurde seine Kantate *Unser Land* uraufgeführt. Er blieb 1945 an der Hochschule als Lehrer für Komposition tätig.

✉ **Schloßstraße 40 in Berlin-Charlottenburg, ab 1936: Fritschestraße14 in Berlin-Charlottenburg**

Paul Hindemith als Dirigent, hier bei den Proben zum ›Plöner Musiktag‹, 1932

OSBORN, FRANZ | Franz Osborn (11. Juli 1905 Berlin bis 8. Juni 1955 Basel), Pianist. Osborn studierte bei Alice Ehlers (siehe Eintrag) und von 1919 bis 1922 bei Leonid Kreutzer und Artur Schnabel (siehe Eintrag) an der Hochschule für Musik in Berlin. 1920 debütierte er mit eigenen Kompositionen und setzte sein Studium von 1922 bis 1926 als Kompositionsschüler von Franz Schreker (siehe Eintrag) in Berlin fort. Osborn emigrierte 1933 nach England.

✉ **Bonner Straße 3 in Berlin-Wilmersdorf**

OSOLIN | Das Berliner Telefonbuch verzeichnet zwischen 1931 und 1934 eine Margarete Osolin, jedoch mit anderer Telefonnummer.

CHARLES O'NEILL | Charles O'Neill wohnte zur Untermiete bei L Eggert, ›verw. Reg.Baumeister‹ ab 1933 am Kurfürstendamm 115 in Berlin-Charlottenburg, später bei Therese Schmidt in der Halberstädter Straße 3 in Berlin-Halensee.

ÖLSNER | Vermutlich: Brigitte Schiffer-Ölsner (siehe Eintrag)

OBOUSSIER | Robert Oboussier (9. Juli 1900 Antwerpen bis 9. Juni 1957 Zürich), Komponist und Musikkritiker. Oboussier studierte zunächst in Mannheim und Zürich und setzte sein Studium 1921 an der Hochschule für Musik bei Siegfried Ochs in Berlin fort. 1923 debütierte er beim Musikfest in Donaueschingen. Von 1929 bis 1933 war er in Berlin Musikkritiker für die ›Frankfurter Zeitung‹ und die ›Deutsche Allgemeine Zeitung‹ und von 1933 bis 1934 Dozent an der Lessing-Hochschule in Berlin. Er emigrierte 1938 in die Schweiz und war dort als Kritiker und Journalist tätig. Hindemith führte in den 50er Jahren ein Violinkonzert von Oboussier auf.

✉ **Adresse bis 1938: Berliner Straße 7 in Berlin-Südende**

ORIENTSEMINAR | Am ›Seminar für Orientalische Sprachen‹ bereiteten sich Gertrud und Paul Hindemith auf ihren Aufenthalt in der Türkei vor: ›Türkisch scheint eine rechte Löwensprache zu sein; lerne nur rechtzeitig, was Wanzen, Knoblauch, Mücken, Schmutz usw. heißt, auch einige kräftige Flüche mußt du wissen, damit Du mich als Sekretärslöwe gut durch das Land lotsen kannst‹, schreibt Hindemith am 11. März 1935 an seine Frau Gertrud.

✉ **Dorotheenstraße 7 in Berlin-Mitte**

PENZOLDT | Ernst Penzoldt (14. Juni 1892 Erlangen bis 27. Januar 1955 München), Schriftsteller. Mit Romanen wie ›Der Zwerg‹ (1927), ›Die Powenzbande‹ (1930) sowie mit dem Theaterstück ›Die portugalesische Schlacht‹ (1931) hatte er bereits auf sich aufmerksam gemacht, als Carl Ebert (siehe Eintrag) im Oktober 1932 die Verbindung zwischen Ernst Penzoldt und Paul Hindemith herstellte, der auf der Suche nach einem Librettisten für eine neue Oper war. Über seine erste Begegnung mit dem Komponisten schrieb Penzoldt seinem Freund, dem Verleger Ernst Heimeran, am 24. Oktober 1932:
›Nachm. 4h bei Hindemith kleiner Frankfurter Nichtjude, der seine Kindereisenbahn mit 4 Garnituren und endlosen Geleisen besitzt und zuweilen damit spielt. Macht sehr lustige und selbständige ›Telephon‹-Zeichnungen. [...] Sonntag ab 11h vorm. bei Hindemith Spaziergang im Grunewald. Die Füße tun mir heute noch weh.‹ Penzoldt und Hindemith erarbeiteten im Winter Szenen zum Libretto für eine Oper ›Etienne und Luise‹. Die gleichnamige Novelle Penzoldts handelt von der Liebe einer Deutschen zu einem entflohenen französischen Soldaten kurz vor Ende des Ersten Weltkrieges. Die Arbeit am Libretto wurde im Frühjahr 1933 eingestellt, wie Hindemith seinen Verlegern Ludwig und Willy Strecker vom Schott-Verlag (siehe Eintrag) am 10. März erklärte: ›Natürlich sind für die nächsten Wochen die Aussichten schlecht, und wie weit es im Herbst möglich sein wird, neue Opern herauszubringen, weiß ich auch nicht. Nach allem, was ich hier im Musik- und Theaterbetrieb sehe, glaube ich, daß alle Theaterposten in Kürze mit stramm nationalen Jungens besetzt sein werden. Im nächsten Frühjahr, nach Überwindung der ersten Schwierigkeiten, dürften dann die Aussichten für eine Oper von Penzoldt und mir sehr gut sein. Vielleicht nicht gerade für diesen Text, obwohl man das auch nicht wissen kann. Jedenfalls ist aber Vorsicht geboten und ich bin dafür, die Arbeit an diesem Stoff einstweilen zurückzustellen und etwas anderes zu suchen. Ich habe mich schon umgetan und bin auf ein Stoffgebiet gekommen, das harmlos, interessant und im nächsten und übernächsten Jahre besonders aktuell ist: die Ereignisse bei der Inbetriebnahme der ersten Eisenbahnen.‹ Es kam

P

jedoch nicht mehr zur Verwirklichung eines dieser Pläne, und der Kontakt zwischen Hindemith und Penzoldt brach im November 1933 ab.

✉ **Dietlindenstraße 14 in München**

PILARTZ | T.C. Pilartz war Architekt und Bildhauer. 1939 steht er nicht mehr im Berliner Telefonbuch.

✉ **Siegburger Straße 16 in Berlin-Schmargendorf**

PECH | Die Firma ›M. Pech GmbH für Sanitären Bedarf und Hygiene‹ hatte eine Filiale am Kaiserdamm 116 in Berlin-Charlottenburg.

POLIZEI-REVIER | Gemeint ist das Polizei-Revier Nr. 124 in der Soorstraße 86 in Berlin-Charlottenburg.

PAULINENHAUS | Das ›Paulinenhaus‹ wurde 1911–1912 als privates Krankenhaus erbaut und 1913 eröffnet. Träger war der 1903 gegründete private Verein ›Paulinenhaus für Kranken- und Kinderpflege‹. Das Haus galt wegen seiner modernen Ausstattung als Musterkrankenhaus und wurde durch Zuschüsse der Firma ›Siemens‹ finanziert. Chefarzt war von 1922 bis 1955 Dr. Johann Ulrichs. Das medizinische Renomme des Hauses zog viele Prominente des Berliner Kulturlebens als Patienten an. Das Krankenhaus wurde 1943 nur teilweise zerstört und besteht noch heute im gleichen Gebäude.

✉ **Eschenallee 28–30 in Berlin-Westend**

PENICZEK & RAINER | ›Peniczek & Rainer‹ war ein Pelz-Geschäft. Im Berliner Telefonbuch von 1939 ist als Besitzer Hanns Bisegger eingetragen.

✉ **Unter den Linden 2 in Berlin-Mitte**

POLIZEI-PRÄSIDIUM, FUNDBÜRO | Das Berliner Polizei-Präsidium hatte die angegebene ›Sammelnummer‹, unter der man auch das Fundbüro erreichte.

✉ **Alexanderstraße 3–6 in Berlin-Mitte**

Das ›Paulinenhaus‹ in Berlin-Westend gilt seit den zwanziger Jahren als Musterkrankenhaus, dazu gehörte auch die Frischluftterrasse im Obergeschoß.

P

PEUKERT | Leo Peukert steht mit der Berufsbezeichnung ›Regisseur am Lustspielhaus Tempelhof‹ im Berliner Telefonbuch.

✉ **Hohenzollernkorso in Berlin-Tempelhof, ab 1939: Manfred-von-Richthofen-Straße 16 in Berlin-Tempelhof**

PHILHARMONIE | Das Gebäude der Philharmonie, ein Konzerthaus ›mit Festsälen‹, wurde Anfang der 70er Jahre des 19. Jahrhunderts als Rollschuhbahn errichtet und 1888 nach Plänen von Franz Schwechten (1841–1924) zu einem Konzertsaal umgebaut. Hier wirkte Paul Hindemith an zahlreichen Konzerten als Solist mit. So fand 1930 in der Philharmonie die Erstaufführung von Hindemiths *Konzertmusik für Solobratsche und größeres Kammerorchester* op. 48 mit Hindemith als Solist statt. Das Gebäude wurde im Januar 1944 durch einen Luftangriff zerstört.
Die Zeichnung einer Schallplatte verweist darauf, daß im Konzertsaal der Philharmonie auch Schallplatten aufgenommen wurden. Zwischen 1960 und 1963 wurde das Konzerthaus Philharmonie durch einen Neubau nach Plänen von Hans Scharoun (1893–1972) am Kulturforum in Berlin-Tiergarten ersetzt.

✉ **Bernburger Straße 22/23 in Berlin-Kreuzberg**

POULENC | Francis Poulenc (7. Januar 1899 Paris bis 30. Januar 1963 Paris), Komponist. Wie Darius Milhaud (siehe Eintrag) war auch er Mitglied der Gruppe ›Les Six‹. Er lernte Hindemith wohl Anfang der 30er Jahre kennen und schickte ihm auch einige Ausgaben seiner Werke.

✉ **Noisay (Indre et Loire)**

POLIAKOFF | Dr. med Dimitri von Poliakoff wohnte in der Sächsischen Straße 23 in Berlin-Wilmersdorf. 1931 ist er auch im ›Jüdischen Adreßbuch von Groß-Berlin‹ verzeichnet. Im Berliner Telefonbuch von 1939 ist er nicht mehr aufgeführt.

PHILHARMONIE | (siehe Eintrag) hier mit anderer Telefonnummer

PREUSSNER | Eberhard Preussner (22. Mai 1899 Stolp bis 15. August 1964 München), Musikwissenschaftler und Musikpädagoge. Er studierte von 1920 bis 1924 an der Musikhochschule Berlin und promovierte 1924. Von 1926 bis 1930 war er Redakteur an der Zeitschrift ›Die Musik‹ und übernahm 1931 die Leitung der Musikabteilung am Zentralinstitut für Erziehung und Unterricht in Berlin (bis 1934). Von 1930 bis 1944 war er Redakteur der Zeitschrift ›Die Musikpflege‹. Von 1935 bis 1939 arbeitete er im Amt für Chorwesen bei der Reichsmusikkammer und ging 1939 als stellvertretender Direktor des Mozarteums nach Salzburg, dessen Präsident er 1959 wurde. Ende 1952 regten Hindemiths den Schott-Verlag an, Preussner als Autor für eine Hindemith-Monographie zu gewinnen: ›Preussner hat eigentlich Pauls ganzes Leben seit der Berliner Zeit aus nächster Nähe mitgemacht, er kennt nun auch Amerika aus eigener Anschauung seit seinem Aufenthalt hier letztes Jahr. Was Paul an ihm schätzt, ist, daß er immer begriffen hat, um was es geht, und daß er auch sein Denken lebendig erhält. Die meisten Freunde aus der alten Zeit – auch leider Strobel – haben ja mit 1928 aufgehört und denken wehmutsvoll an jene ›unerreicht‹ herrlichen Zeiten zurück. Preussner mag etwas trocken anmuten, aber er hat die große Gabe, sein Ego auszuschalten und die Dinge, die an ihn herankommen, ohne persönliche Ressentiments usw. zu betrachten und zu deuten‹, schrieb Gertrud Hindemith am 16. Dezember 1952 an Willy Strecker vom Schott-Verlag (siehe Eintrag). Nach Einsendung eines Probekapitels kam das Projekt aufgrund von Hindemiths Veto nicht zustande.

✉ **Hohenzollerndamm 34 bei Hinrichs, Berlin-Wilmersdorf**

QUAST | ›Otto Quast & H. Tackenberg‹ betrieben eine Autoreparaturwerkstatt, in der vermutlich auch Hindemiths ›Adler‹-Auto repariert wurde.

✉ **Lützowstraße 9 in Berlin-Tiergarten**

POST-AUSKUNFT

P

Die Firma ›Quast & Tackenberg‹ reparierte auch Hindemiths ›Adler‹-Wagen.

PHIL.CHOR | Der Philharmonische Chor Berlin entstand 1888 aus dem von Siegfried Ochs (1858–1929) 1882 gegründeten ›Siegfried Ochs'schen Gesangverein‹. Unter der Leitung von Ochs machte sich der Chor durch Aufführungen Bach'scher Chorwerke ebenso einen Namen wie durch die Erstaufführungen zeitgenössischer Chormusik. Er wirkte 1931 bei der Uraufführung von Hindemiths Oratorium *Das Unaufhörliche* mit.

✉ **Adresse der Geschäftsstelle: Bayerische Straße 9 in Berlin-Schöneberg**

PHIL.ORCH. | Das Philharmonische Orchester Berlin wurde 1882 mit finanzieller Unterstützung der Konzertagentur Wolff (siehe Eintrag) als ›Ehemalige Bilse'sche Kapelle‹ gegründet. Erster Dirigent war Ludwig v. Brenner. Der nach seinem Spielort, der von Wolff für Konzerte angemieteten ›Philharmonie‹ (siehe Eintrag), bald in ›Philharmonisches Orchester‹ umbenannte Klangkörper setzte sich das ausdrückliche Ziel, zeitgenössischer Musik in Berlin den Weg zu bahnen. Zu den führenden Dirigenten des Orchesters gehörten Artur Nikisch, Wilhelm Furtwängler und Mitte der 20er Jahre Bruno Walter. Furtwängler trat 1934 im Zusammenhang mit dem ›Fall Hindemith‹ zeitweilig von seinem Amt als Chefdirigent zurück, leitete das Orchester jedoch dann bis 1945 weiter. Nach seiner Entnazifizierung dirigierte er 1947 erstmals wieder in Berlin und wurde 1952 vom Orchester zum ›Dirigenten auf Lebenszeit‹ gewählt. Das Philharmonische Orchester residierte mit seiner Geschäftsstelle in der Dörnbergstraße 6 in Berlin-Tiergarten. Die Straße existiert seit 1980 nicht mehr.

Gertrud Hindemith mit ihrem Vater
Ludwig Rottenberg

RUNDFUNK FRANKFURT | Der Südwestdeutsche Rundfunk mit Sitz in Frankfurt am Main wurde 1923 gegründet und nahm am 1. April 1924 den Sendebetrieb auf. Intendant war bis 1929 Hans Flesch (siehe Eintrag), der Schwager von Paul Hindemith. Das Amar-Quartett trat mehrmals im Frankfurter Rundfunk auf und ließ dabei auch oft Werke Hindemiths über den Sender erklingen. Für die neue Orgel im Sendesaal komponierte Hindemith 1927 seine *Kammermusik Nr. 7 für Orgel und Kammerorchester* op. 46 Nr. 2.

RUNDFUNK BERLIN | Die Geschichte des Berliner Rundfunks beginnt mit der ersten drahtlosen Übertragung eines Konzerts aus dem Telefunkenhaus am Mehringdamm 32 in Berlin-Kreuzberg. Im Rahmen der 3. Großen Deutschen Funkausstellung wurde 1926 in Berlin der Funkturm auf dem Messegelände an der Masurenallee in Berlin-Charlottenburg in Betrieb genommen. Architekt des 1931 eingeweihten ›Hauses des Rundfunks‹ war Hans Poelzig, den Paul Hindemith 1935/36 in der Türkei traf. Im ›Haus des Rundfunks‹ wurden bis 1933 zahlreiche Konzerte des Rundfunk-Symphonie-Orchesters unter Mitwirkung Hindemiths für die Übertragung aufgezeichnet.

✉ **Masurenallee 8–14 in Berlin-Charlottenburg**

ROTTENBERG | Ludwig Rottenberg (11. Oktober 1864 Czernowitz bis 6. Mai 1932 Frankfurt) und Theodore Rottenberg (7. September 1875 Dortmund bis 20. Februar 1945 Limburg), Eltern von Gertrud Hindemith. Ludwig Rottenberg bewarb sich 1892 als Kapellmeister beim Frankfurter Opernhaus und wurde auf Empfehlung von Johannes Brahms und Hans von Bülow seinen Mitbewerbern Richard Strauss und Felix Mottl vorgezogen. Während seiner Amtszeit (bis 1926) galt die Frankfurter Oper als eines der fortschrittlichsten Musiktheater Europas. Rottenberg förderte insbesondere das Schaffen Franz Schrekers und leitete mehrere Uraufführungen seiner Opern. Paul Hindemith saß seit 1915 am Pult des Konzertmeisters im Frankfurter Opernorchester. Theodore Rottenberg, die älteste Tochter des langjährigen Frankfurter Oberbürgermeisters Franz Adickes (siehe Eintrag) lebte nach dem Tod ihres Mannes Ludwig Rottenberg allein in Frankfurt, vom Rathstraße 1. Nach Bombenangriffen auf Frankfurt kam sie in einem Hotel in Wiesbaden unter: ›Gerade acht Tage vor dem schweren Angriff durch Flieger, die Wiesbaden zu einem Drittel zerstörten, mußte sie ins Bett [...]. In der Nacht wurde auch das Hotel getroffen und die arme Frau aus dem brennenden Hotel in ein Militärlazarett nachts geschafft. Nun ging alles drunter und drüber, ganz Wiesbaden brannte, Verbindungen gab es nicht, auch mein Haus war schwer mitgenommen, kurz bis ich nach zwei Tagen ihren neuen Aufenthalt herausfand und am dritten Tag hinging, hatte man die Zivilkranken nach dem Taunus befördert. Wie ich später hörte, in offenen Lastwagen per Bahn, ohne die rechte Verpflegung. Das hielt leider der geschwächte Körper doch nicht aus und Gertruds Schwester kam gerade noch zur Zeit einige Stunden vor ihrem Tode. Ohne diese Bombennacht wäre sie zweifellos heute noch am Leben‹, berichtete Hindemiths Freund und Verleger Willy Strecker (siehe Eintrag) am 2. Oktober 1945.

REISEBÜRO KDW | Gemeint ist das Reisebüro im Kaufhaus des Westens (KaDeWe).

✉ **Tauentzienstraße 21–24 in Berlin-Schöneberg**

REISS | Die Firma Siegmund Reiss handelte mit ›Strumpf & Schuh‹. Der Betrieb existierte auch 1939 noch und hatte eine Werkstatt am Kurfürstendamm 37.

✉ **Schillstraße 11 a in Berlin-Schöneberg**

RUHEMANN | Dr. med. Werner Ruhemann war Internist und zugleich 1. Vorsitzender des ›Berliner Sport-Club e.V.‹ (siehe Eintrag), dem auch Hindemith angehörte. Er wohnte am Prager Platz 5 in Berlin-Wilmersdorf.

✉ **Adresse der Praxis: Motzstraße 47 in Berlin-Schöneberg**

RUKSER | Dr. U. Rukser war Rechtsanwalt und hatte seine Kanzlei zusammen mit Dr. E. Dannenberg und Dr. O. Blumenthal in der Potsdamer Straße 71 in Berlin-Schöneberg. Die hier angegebene Adresse gehörte vermutlich zur Privatwohnung. Im Berliner Telefonbuch von 1939 ist er nicht mehr verzeichnet. Sein Kollege Dr. Erich Dannenberg (geboren 7. Januar 1892 Stettin) steht 1936 auf der von der Rechtsanwaltskammer Berlin erstellten Liste jüdischer Anwälte in Berlin, als Privatadresse angegeben: Nürnberger Straße 66 in Berlin-Charlottenburg. 1939 wohnte er in der Emser Straße 22 in Berlin-Wilmersdorf; er emigrierte im August 1939 nach Großbritannien.

✉ **Rehbrücker Weg 46 in Berlin-Zehlendorf**

REICHENBACH | Herman Reichenbach (6. Juli 1898 Hamburg bis 20. April 1958 Andersen, Indiana), Musikwissenschaftler. Herman Reichenbach promovierte 1923 in Berlin. Von 1925 bis 1933 war er Direktor der Volksmusikschule in Berlin. Er wurde 1927 an die Musikhochschule berufen und war dort Sekretär des Seminars für Volksmusik. Zum 1. April 1933 wurde er als ›sozialistisch hervorgetreten‹ von der Hochschule entlassen, er emigrierte in die UdSSR und war 1934 Lehrer am Konservatorium für Musik in Moskau. 1937 wurde er zur Ausreise aufgefordert und übersiedelte über Japan in die USA. Von 1939 bis 1948 lehrte er am Mary Washington College in Virginia, danach am Wilson College in Chamberersburg.

✉ **Adresse bis 1933: Burggrafenstraße 10 in Berlin-Zehlendorf**

ROSBAUD | Hans Rosbaud (22. Juli 1895 Graz bis 29. Dezember 1962 Lugano), Dirigent. Rosbaud studierte gemeinsam mit Paul Hindemith am Hoch'schen Konservatorium in Frankfurt und war seit dieser Zeit mit ihm befreundet. Von 1928 bis 1937 war er Leiter der Musikabteilung und Erster Kapellmeister am Frankfurter Rundfunk und leitete in dieser Funktion zahlreiche Konzerte mit Werken Hindemiths.

✉ **Leerbachstraße 146 in Frankfurt/M.**

RUPPEL | Dr. Julius Ruppel war Geheimer Regierungsrat und Ministerialdirektor a.D.

✉ **Kurfürstenstraße 78 in Berlin-Schöneberg**

REFORMHAUS | Die Telefonnummer gehörte zum Reformhaus von Frieda Alves. Wie viele Künstler und Intellektuelle dieser Jahre waren Hindemiths auf ›Reformkost‹ eingestellt.

✉ **Reichsstraße 101 in Berlin-Westend**

RUBINSTEIN IDA | Ida Rubinstein (5. Oktober 1888 Charkow bis 20. September 1960 Vence/ Frankreich), russische Tänzerin und Schauspielerin. Sie war von 1909 bis 1911 Mitglied des ›Ballet Russes‹ und leitete von 1928 bis 1934 ein eigenes Ensemble. Paul Hindemith traf sie 1939 zusammen mit dem Choreographen Léonide Massine in Chicago, um über seine Pläne für ein Ballett nach Motiven des Malers Pieter Brueghel zu sprechen. Hindemiths geplante Komposition für *Das Gleichnis von dem Blinden. Ballett nach Sprichwörtern und nach Bildern von Pieter Brueghel* wurde jedoch nie verwirklicht.

✉ **7 Place des Etats Unis in Paris**

ROTTENBERG | In Wien lebten Verwandte von Gertruds Vater, dem Dirigenten Ludwig Rottenberg (siehe Eintrag).

✉ **Rechte Wienzeile 117 in Wien IV**

REICHSAUSSCHUSS F. LEIBESÜBUNGEN | Der ›Deutsche Reichsausschuß für Leibesübungen‹ (DRA) war der Nachfolge-Verein des ›Deutschen Reichsauschusses für Olympische Spiele‹, die 1916 in Berlin stattfinden sollten – und wegen des Krieges ausfielen. Der Verein erbaute 1913 das erste Olympiastadion in Berlin, das dann zur Austragung der Olympischen Spiele 1936 zum ›Reichssportfeld‹ erweitert wurde. Der DRA war ein eingetragener Verein mit ›Generalsekretariat‹, er vertrat die Sportverbände des Reiches; 1933 wurden die jüdischen Sportvereinigungen ausgeschlossen.

✉ **Kurfürstenstraße 48 in Berlin-Schöneberg**

RAISSA ROTH | Raissa Roth hatte ein Atelier für Hüte. Sie steht auch 1939 noch im Berliner Telefonbuch.

✉ **Budapester Straße 2 in Berlin-Tiergarten**

ROSENHAIN | Die ›Albert Rosenhain GmbH‹ war eine Firma für ›Leder- und Luxuswaren‹ in der Leipziger Straße 73/74. Unter der angegebenen Telefonnummer erreichte man die Filiale am Kurfürstendamm. 1939 scheint der Betrieb ›arisiert‹ zu sein, verwiesen wird unter dem Namen des Rosenhainschen Geschäfts und mit gleicher Adresse auf: ›Das Haus für Geschenke Reiwinkel‹ mit den Besitzern Reisse & Grawinkel.

✉ **Kurfürstendamm 232 in Berlin-Charlottenburg**

ROTTENBERG | Ludwig Rottenberg (siehe Eintrag)

RACKOW | Die ›Rackow'sche Kaufmännische Privatschule und Staatlich anerkannte Höhere Handelsschule‹ wurde von Dr. Albrecht Rackow geleitet; die angegebene Telefonnummer gehörte zur Filiale in Schöneberg. Paul Hindemith besuchte hier den Unterricht in Buchhaltung.

✉ **Tauentzienstraße 1 in Berlin-Schöneberg**

DROGERIE REGENBRECHT | (siehe Eintrag unter D)

REICHSMUSIKERSCHAFT | Das Büro der Reichsmusikerschaft befand sich in der Blumenthalstraße 17 in Berlin-Schöneberg.

AMT FÜR KONZERTWESEN I.D. REICHSMUS.KAM

REICHSMUSIKKAMMER | Die Reichsmusikkammer, eine nationalsozialistische Standesorganisation, wurde am 22. September 1933 als Teil der Reichskulturkammer durch das Propagandaministerium gebildet und von dem Komponisten Richard Strauss, ab 1935 von Paul Raabe geleitet. Für alle ausübenden Musiker wurde die Mitgliedschaft in der RMK Pflicht; von der Mitgliedschaft ausgeschlossen waren Musiker jüdischer Abstammung und Künstler, deren Werke als ›entartet‹ verfemt wurden, weil sie entweder linkspolitisch engagiert waren oder der Moderne angehörten. Rudolf Vedder (siehe Eintrag) war bis zu seiner Kündigung 1935 stellvertretender Leiter der Abteilung CII (Konzertvermittlung).

✉ **Lützowplatz 13 in Berlin-Tiergarten**

RINGELNATZ | Joachim Ringelnatz (7. August 1883 Wurzen bis 17. November 1934 Berlin), Lyriker, Kabarettdichter. Joachim Ringelnatz war Mitglied der Kleinkunstbühne ›Schall und Rauch‹ Max Reinhardts. Ringelnatz und Hindemith teilten die gemeinsame Vorliebe für ihre Stammkneipe am Steubenplatz, die ›Westend-Klause‹ (siehe Eintrag) in der Reichsstraße 80/81. Das folgende Gedicht könnte ihr gewidmet sein:

›*Sehnsucht nach Zufall*

Es gibt freiwilliges Allein,
Das doch ein wenig innen blutet.

Verfrühter Gast in einer Schenke sein,
Wo uns derzeit kein Freund vermutet – -

Und käme plötzlich doch ein Freund herein,
Den gleiche Abenteuer-Wehmut lenkt,
Dann wird es schön! Dann steigt aus schlaffen Träumen
Ein gegenseitig stärkendes Sichbäumen
Und spricht, was in ihm rauh und redlich denkt.‹

✉ **Achenbachstraße 3 in Berlin-Spandau, ab 1930 bis zu seinem Tode 1934 in direkter Nachbarschaft Hindemiths: Sachsenplatz 12 (heute: Brix-Platz) in Berlin-Westend**

SCALA | Unter der Telefonnummer der ›Filmkunst-Theater Scala-Palast GmbH‹ erreichte man auch die ›Scala-Theater GmbH‹. Sie warb unter dem Slogan: ›Die Varieté-Bühne Groß-Berlins‹.

✉ **Martin-Luther-Straße 22–24 in Berlin-Schöneberg**

SCHREKER | Franz Schreker (23. März 1878 Monaco bis 21. März 1934 Berlin), Komponist. Schreker wirkte ab 1912 als Kompositionslehrer an der Wiener Akademie, 1920 wurde er durch Kestenbergs Engagement zum Direktor der Musikhochschule Berlin berufen und war dort zusammen mit Georg Schünemann verantwortlich für die Reform der Musikhochschule. 1932 übernahm er die Leitung einer Meisterklasse der Preußischen Akademie der Künste Berlin. Am 9. Dezember 1933 wurde Schreker aus kunstpolitischen Gründen aus der Preußischen Akademie der Künste ausgeschlossen. In Hindemiths Schwiegervater, dem Frankfurter Kapellmeister Ludwig Rottenberg (siehe Eintrag), besaß Schreker einen begeisterten Anhänger, der sich am Frankfurter Opernhaus intensiv für Opern des Komponisten einsetzte. Gertrud Hindemith war seit ihrer Jugend mit Schrekers Frau Maria (1892–1978) eng befreundet.

✉ **Landhausstraße 9 in Berlin-Wilmersdorf**

SCHERCHEN | Zur Telefonnummer gehörte Augusta (genannt Gustel) Maria Scherchen, eine von fünf Ehefrauen von Hermann Scherchen. Hermann Scherchen (21. Juni 1891 Berlin bis 12. Juni 1966 Florenz), Dirigent. Scherchen gründete 1919 die ›Neue Musikgesellschaft‹ in Berlin und gab die Musikzeitschrift ›Melos‹ heraus. 1922/23 leitete er als Nachfolger Furtwänglers die Frankfurter Museumskonzerte. In Berlin dirigierte er zugleich die beiden Arbeiterchöre, den ›Schubert-Chor‹ und den ›Gemischten Chor Groß-Berlin‹, für die er auch Chorsätze komponierte. 1933 aus Deutschland vertrieben, leitete er bis 1947 die Abonnementskonzerte in Winterthur/Schweiz und dirigierte unter anderem in Wien und Zürich. Von 1933 bis 1936 leitete er in Brüssel die Musikzeitschrift ›Musica viva‹. 1954 gründete er in der Schweiz ein elektroakustisches Institut. Zeitlebens engagierte er sich

Paul Hindemith mit
Hermann Scherchen

Mit Willy Strecker 1927
in Baden-Baden

für zeitgenössische Musik und die Uraufführung neuer Kompositionen. So dirigierte er am 31. Juli 1922 die Uraufführung von Hindemiths *Kammermusik Nr.1* op.24 Nr.1 in Donaueschingen, am 24. Juli 1926 die Uraufführung der ihm von Hindemith gewidmeten *Konzertmusik für Blasorchester* op. 41 und am 27. Juli 1929 die Uraufführung des *Lindberghflug* von Paul Hindemith und Kurt Weill nach einem Hörspiel von Bertolt Brecht beim Musikfest in Baden-Baden.

✉ **Kronprinzendamm 1 in Berlin-Halensee**

STRECKER | Willy Strecker (4. Juli 1884 Mainz bis 1. März 1958 Wiesbaden), Verleger. Er war gemeinsam mit seinem Bruder Dr. Ludwig Strecker (13. Januar 1883 Mainz bis 15. September 1978 Mainz) Besitzer des renommierten Verlagshauses B. Schott's Söhne in Mainz, bei dem Paul Hindemith seit 1919 unter Vertrag stand. Mit Willy Strecker verband Hindemith eine jahrzehntelange enge Freundschaft. In den 30er Jahren unternahm das Ehepaar Hindemith mit ihm gemeinsam zahlreiche Wandertouren durch Deutschland.

✉ **Bierstädterstraße 60 in Wiesbaden**

STAATSTHEATER | Unter dieser Telefonnummer meldete sich die Generalintendanz der Preußischen Staatstheater sowie deren Abteilung Buchhaltung. Zu den Preußischen Staatstheatern gehörten in Berlin das Große Schauspielhaus am Gendarmenmarkt, das Schiller-Theater in der Bismarckstraße und das Schloßpark-Theater in Berlin-Steglitz. Die Intendanz der während der Weimarer Republik von Leopold Jessner geleiteten Staatstheater übernahm 1934 Gustaf Gründgens.

✉ **Adresse der Intendanz: Oberwallstraße 2 in Berlin-Mitte**

STÄDT. OPER | Die Städtische Oper wurde 1912 als ›Deutsches Opernhaus‹ eröffnet, Initiator war der private ›Große Berliner Opernverein‹, der sich 1907 konstituiert und 1911 eine Aktiengesellschaft als Träger gegründet hatte, um der ›Königlichen Oper‹ (gegr. 1742) Unter den Linden und der ›Komischen Oper‹ (gegr. 1905) eine ›Bürgeroper‹ entgegenzusetzen. Dies spiegelte sich auch in der

Namensgebung ›Städtische Oper‹, wie das Haus ab 1925 hieß. Im gleichen Jahr übernahm Heinz Tietjen die Leitung des 1911–1912 errichteten Opernhauses in Berlin-Charlottenburg (heute: Deutsche Oper Berlin), musikalischer Leiter war bis 1929 Bruno Walter. Von 1931 bis zur Entlassung 1933 war Carl Ebert (siehe Eintrag) Intendant des Hauses, er emigrierte 1936 in die Türkei. Unter Eberts Leitung wurde das Opernhaus in der Bismarckstraße bahnbrechend für sein Regie-Konzept des Musik-Theaters. Das in der NS-Zeit wiederum in ›Deutsches Opernhaus‹ umbenannte Gebäude wurde im Krieg teilweise zerstört und 1960 durch einen Neubau ersetzt. Erst nach dem 2. Weltkrieg kamen hier Kompositionen Hindemiths auf die Bühne, so 1949 *Cardillac* und *Der Dämon*, 1957 *Hin und zurück* und 1959 *Mathis der Maler*.

✉ **Bismarckstraße 34–37 in Berlin-Charlottenburg**

STROBEL | Heinrich Strobel (31. Mai 1898 Regensburg bis 18. August 1970 Baden-Baden), Musikschriftsteller. 1928 verfaßte er die erste deutschsprachige Monographie über Paul Hindemith. Im gleichen Jahr wurde er Mitarbeiter des ›Berliner Börsen-Couriers‹ (siehe Eintrag), 1933/34 war er Herausgeber der Zeitschrift ›Melos‹ und nach dem zwangsweisen Ende der Zeitschrift von 1934 bis 1939 Herausgeber des ›Neuen Musikblatts‹.

SPINDLER | Eine Filiale der ›W.Spindler AG Färberei und chemische Reinigung, Dampfwäscherei‹ befand sich in der Preußenallee 42 in Berlin-Charlottenburg.

SPORTFORUM | Das ›Deutsche Sportforum‹ in Berlin-Charlottenburg wurde zwischen 1926 und 1928 nach Plänen von Werner March (1894–1976) errichtet und als Teil des zwischen 1934 und 1936 erbauten ›Reichssportfeldes‹ (heute: Olympiastadion) erweitert. Es ist in wenigen Minuten zu Fuß von Hindemiths Wohnung am Sachsenplatz aus zu erreichen. ›Turnst Du auch fleißig? Bitte laufe für mich eine kleine Ehrenrunde und mache einen besonders hohen Gedächtnis-

Willy Strecker und der Komponist
Igor Strawinsky (links) zu Besuch
bei Hindemiths

S

Der große Lesesaal der Preußischen Staatsbibliothek Unter den Linden, 1935. Er existiert heute nicht mehr.

sprung‹, bittet Hindemith seine Frau aus London am 7. November 1930.

✉ **Rossitter Weg in Berlin-Charlottenburg**

MS. STILLINGS

STAATSBIBLIOTHEK WOLF | Die aus den Beständen der königlichen Bibliothek im Berliner Stadtschloß hervorgegangene Sammlung wurde 1809 unter staatliche Aufsicht gestellt. 1914 zogen die Bestände in den von Ernst von Ihne (1848–1917) entworfenen Neubau Unter den Linden um. 1918 erhielt sie den Namen Preußische Staatsbibliothek. In diesem Gebäude befindet sich noch jetzt ein Teil der heutigen Staatsbibliothek Preußischer Kulturbesitz. Prof. Dr. Johannes Wolf (17. April 1869 Berlin bis 25. Mai 1947 München) war von 1928 bis 1934 Direktor der Musikabteilung und gab zusammen mit Erich von Hornbostel (siehe Eintrag) und Robert Lachmann (siehe Eintrag) von 1933 bis 1935 die ›Zeitschrift für vergleichende Musikwissenschaft‹ heraus.

✉ **Unter den Linden 8 in Berlin-Mitte**

SLUZEWSKY | Im Anwaltsbüro von Justizrat Heinrich Sluzewsky waren auch der Notar Dr. Richard Wittkowski und Dr. Curt Sluzewsky zu erreichen. Dr. Curt Sluzewsky (geboren 9. Dezember 1895 Berlin) ist auch im ›Jüdischen Adreßbuch von Groß-Berlin‹ mit seiner Privatadresse in der Budapester Straße 27 in Berlin-Tiergarten verzeichnet. 1936 sind die beiden Anwälte Curt Sluzewski und Richard Wittkowski in der von der Rechtsanwaltskammer Berlin erstellten Liste jüdischer Anwälte aufgeführt. Curt Sluzewski emigrierte nach London. Für Dr. Richard Wittkowsi (geboren 27. August 1877 Berlin) ist 1936 als Privatadresse angegeben: Landshuterstraße 18 in Berlin-Schöneberg, später wohnte er in der Wielandstraße 5 in Berlin-Friedenau, wo er die NS-Verfolgung überlebte. Im Berliner Telefonbuch von 1939 ist die Kanzlei nicht mehr genannt.

✉ **Adresse der Kanzlei: Wallstraße 3 in Berlin-Mitte**

SIMON, ALICIJA | Alicija Simon (13. November 1879 Warschau bis 23. Mai 1957 Lodz), Musikerin und Musikwissenschaftlerin. Sie hatte in Warschau, Berlin und Zürich Klavier, Geige und Musiktheorie studiert und von 1920 bis 1923 in einem Berliner Antiquariat gearbeitet. Von 1929 bis 1939 leitete sie die Musikabteilung des Staatlichen Musikkonservatoriums in Warschau, unterrichtete dort und arbeitete beim polnischen Rundfunk. Hindemith traf mit ihr Anfang Dezember 1932 in Warshau zusammen, wo er sich zu Konzerten aufhielt.

✉ **Ul Kredytowa 8 in Warschau**

SAGAN, LEONTINE | Leontine Sagan (Schlesinger) (13. Februar 1889 Budapest bis 19. Mai 1974 Pretoria), Schauspielerin und Filmregisseurin. Leontine Sagan war von 1921 bis 1927 Mitglied der Frankfurter Städtischen Bühnen, zunächst am Neuen Theater, dann am Schauspielhaus. Vermutlich hat sie in dieser Zeit Gertrud Hindemith kennengelernt, die Anfang der 20er Jahre eine Schauspielschule besucht hatte. 1927 ging Leontine Sagan nach Heidelberg und dann nach Berlin, wo sie als Schauspielerin und Regisseurin arbeitete. 1931 führte sie gemeinsam mit Carl Fröhlich Regie bei dem Welterfolg ›Mädchen in Uniform‹. Sie emigrierte 1933 nach Südafrika.

✉ **Rüdesheimer Platz 6 in Berlin-Schmargendorf**

SELLIN

STUCKENSCHMIDT | Hans-Heinz Stuckenschmidt (1. November 1901 Straßburg bis 15. August 1988 Berlin), Musikwissenschaftler und Musikkritiker. Stuckenschmidt machte sich ab 1929 als Musikkritiker der ›BZ am Mittag‹ in Berlin einen Namen und engagierte sich für die Durchsetzung Neuer Musik. 1934 erhielt er deswegen Schreibverbot und veröffentlichte nur noch in der ›Neuen Züricher Zeitung‹. In seinen 1979 veröffentlichten Memoiren erinnert er sich an Paul Hindemith: ›Ich kannte Hindemith nur flüchtig aus Hamburg, wo er 1924 mit seinem Amar-Quartett gespielt hatte. Erst viel später befreundeten wir uns, namentlich in der Kampfzeit 1933/34, als wir beide unter Beschuß der Nazipresse standen. Er war der perfekteste Musiker, dem ich begegnet bin, ein unermüdlicher Arbeiter auf allen Gebieten des Instrumentalspiels, der Satzkunst und seit 1933 auch der Geschichte und Ästhetik. ›Verglichen mit ihm sind wir alle Dilettanten‹, sagte Weill zu mir nach der Premiere von ›Neues vom Tage‹.‹ Von 1937 bis 1941 war Stuckenschmidt Musikkritiker des Prager ›Tagblatt‹ und der dort erscheinenden Zeitung ›Neuer Tag‹, erhielt dann jedoch auch dort Berufsverbot und wurde zur Wehrmacht eingezogen. Nach dem Krieg kehrte er wieder nach Berlin zurück und übernahm von 1948 bis 1967 eine Professur für Musikgeschichte an der Technischen Universität Berlin.

✉ **Hohenzollerndamm 3 in Berlin-Wilmersdorf**

SACHS | Curt Sachs (29. Juni 1881 Berlin bis 5. Februar 1959 New York), Musikwissenschaftler. Sachs wurde 1919 Direktor der Staatlichen Musikinstrumentensammlung Berlin und Lehrer an der Musikhochschule Berlin, die ihn 1922 zum Professor ernannte. Hindemith nutzte während seiner Lehrtätigkeit an der Berliner Hochschule für Musik die Instrumente der Sammlung, um sie gemeinsam mit Studenten und Kollegen einzuüben und Konzerte mit Alter Musik zu veranstalten. 1933 aus der Hochschule entlassen, emigrierte Sachs nach Paris und wurde Lehrer an der Sorbonne. 1937 übersiedelte er in die USA und war dort ab 1952 Professor an der Columbia University, 1956 verlieh ihm die Musikhochschule den Titel ›Prof. emeritus‹.

✉ **Lichtensteinallee 10 in Berlin-Tiergarten**

SUJOVOLSKY/SHURE | Berta Sujowolsky (geboren 10. März 1907 Buenos Aires) studierte von 1928 bis 1931 Klavier an der Berliner Musikhochschule. Leonard Shure (geboren 10. April 1910 Los Angeles) studierte von 1927 bis 1930 am gleichen Institut. Beide nahmen möglicherweise auch an Hindemiths Kursen teil.

✉ **Düsseldorfer Straße 29 in Berlin-Wilmersdorf**

STIEDRY | Dr. Fritz Stiedry (11. Oktober 1883 Wien bis 9. August 1968 Zürich), Dirigent. Stiedry studierte an der Wiener Musikakade-

Musizieren auf alten Instrumenten aus der Sammlung der Hochschule, 1932

Paul Hindemith mit Georg Schünemann, 1935

mie, nach verschiedenen Engagements war er von 1914 bis 1923 Erster Kapellmeister an der Berliner Staatsoper, von 1928 bis 1933 Dirigent an der Städtischen Oper Berlin, wo er nach dem Rücktritt Bruno Walters die Funktion des Musikdirektors übernahm. Nach seiner Entlassung 1933 an der Städtischen Oper emigrierte Stiedry in die Sowjetunion, er leitete von 1933 bis 1937 die Leningrader Philharmonie. 1938 übersiedelte er in die USA und war von 1946 bis 1958 musikalischer Leiter der Metropolitan Opera in New York.

✉ **Adresse bis 1933: Langobardenallee 5 in Berlin-Westend**

SASSE | Bis 1931 gab es in Berlin drei ›Schneider für Herren‹ mit dem Namen Sasse, allerdings nicht unter der angegebenen Adresse. 1934 ist kein Schneider dieses Namens mehr im Adreßbuch verzeichnet. Die Schneiderin oder der Schneider Sasse gehörte daher vermutlich zur Schneiderei von H. Hedwig und der Näherin G. Leist in der Holsteinischen Straße 59 in Berlin-Wilmersdorf.

SCHÜNEMANN | Georg Schünemann (13. März 1884 Berlin bis 2. Januar 1945 Berlin), Musikwissenschaftler. Schünemann wurde 1920 stellvertretender Direktor der Musikhochschule, nach dem Wechsel Franz Schrekers (siehe Eintrag) zur Preußischen Akademie der Künste übernahm Schünemann die Leitung, er war zusammen mit Schreker für die Reformierung der Hochschule verantwortlich. Schünemann wurde 1933 aus kunstpolitischen Gründen abgesetzt und an die Staatliche Musikinstrumentensammlung in Berlin versetzt. 1935 übernahm er die Leitung der Musikabteilung der Preußischen Staatsbibliothek, zugleich war er Mitherausgeber der Zeitschrift ›Archiv für Musikforschung‹ in Berlin.

✉ **Konstanzer Straße 35 in Berlin-Wilmersdorf**

SCHUMANN, GEORG | Georg Schumann (25. Oktober 1866 Königstein bis 23. Mai 1952 in Berlin), Komponist und Chordirigent. Schumann übernahm 1900 das Amt des Direktors der Berliner Singakademie (siehe Eintrag). 1916 wurde er stellvertretender Präsident der

Preußischen Akademie der Künste und war nach dem Rücktritt Max Liebermanns (1932) von 1934 bis Kriegsende mit den Amtsgeschäften des Präsidenten betraut. 1945 beteiligte er sich an der gescheiterten Reaktivierung der Preußischen Akademie der Künste.

✉ **Adresse 1934: Bismarckstraße 8 in Berlin-Charlottenburg**

SCHWEIDNITZER | Der Schneidermeister A. Schweidnitzer hatte seine Werkstatt in der Schwarzenburgallee 1 a in Berlin-Westend. Ab 1937 steht er nicht mehr im Berliner Telefonbuch.

SCHERL | August Scherl (24. Juli 1849 Düsseldorf bis 18. April 1921 Berlin), Verleger und ›Zeitungskönig‹. Scherl lebte seit 1883 in Berlin, 1900 gründete er die ›Scherl GmbH‹, die den ›Berliner Lokal-Anzeiger‹ herausgab. Aufgrund des großen Erfolges des nach amerikanischem Vorbild gestalteten Anzeigenblattes folgten weitere Zeitungen wie ›Berliner Abend-Zeitung‹ und ›Der Tag‹, alle mit wilhelminisch-konservativer Haltung. Scherl mußte sein Zeitungs-Imperium 1913 an den Hugenberg-Konzern verkaufen, es blieb jedoch bei dem bisherigen Namen. 1944 ging der gesamte Besitz an die NSDAP über. Unter der angegebenen Telefonnummer erreichte man den ›Zeitungs-, Zeitschriften-, Buch- und Kunstverlag‹ der Scherl GmbH.

✉ **Zimmerstraße 35–41, Jerusalemer Straße 52–58 und Kochstraße 43–52 im früheren Zeitungsviertel in Berlin-Kreuzberg**

SCHNABEL | Artur Schnabel (17. April 1882 Lipnik bis 15. August 1951 in Axenstein/Schweiz), Pianist und Komponist. Artur Schnabel studierte in Wien und leitete von 1925 bis 1933 eine Klaviermeisterklasse an der Musikhochschule Berlin. Über die Spiele mit Hindemiths Eisenbahnanlage berichtete Harald Genzmer (siehe Eintrag): ›Es gab Abende, an denen wurde musiziert – etwa mit Artur Schnabel am Klavier, dem Cellisten Emanuel Feuermann und Wolfsthal, dem Geiger; anschließend wurde Eisenbahn gespielt bis in die Nacht hinein. Oskar Sala und ich waren die Vorsteher vom Güterbahnhof, die Prominenz saß an den wichtigen Stationen. Hindemith hatte einen

Artur und Therese Schnabel Mitte der dreißiger Jahre im italienischen Exil, wo sie bis zum Kriegsausbruch lebten

äußerst genauen Fahrplan entworfen. Das ging auf Minuten genau. Und wenn die Züge länger hielten, durften sie soundso lange halten und nicht länger. Dann wurden Wagen auseinandergekoppelt, neu zusammengestellt und was immer dazugehört. Und wenn jemand dabei nicht achtgab, das konnte immerhin Schnabel sein: ›Klavierspielen können Sie ja, aber können Sie sich nicht besser um Ihren Bahnhof kümmern?! Das ist ja eine Schande, was hier passiert!‹ So ging das da zu – ohne Ansehen der Person – aus lauter Begeisterung am Spiel.‹ 1933 emigrierte Schnabel nach Italien und von dort 1939 in die USA. Im Rahmen des Brahms-Festes in Wien konzertierte er im Mai 1933 zusammen mit dem Geiger Bronislav Huberman, Paul Hindemith (Bratsche) und Pablo Casals (Violoncello). 1937 traf Hindemith ihn in New York wieder.

✉ **Adresse bis 1933: Wielandstraße 14 in Berlin-Charlottenburg**

SCHULDT | Heinrich Schuldt war Masseur und praktizierte in der Kantstraße 152 in Berlin-Charlottenburg. Auch nach dem Krieg hielten Hindemiths den Kontakt mit ihm aufrecht und versorgten ihn mit Care-Paketen und seine Frau mit abgelegten Kleidern von Gertrud Hindemith.

SCHOTT | Das Verlagshaus ›B. Schott's Söhne‹ in Mainz hatte Paul Hindemith seit 1919 unter Vertrag. Mit den Brüdern Willy und Ludwig Strecker (siehe Eintrag) verband ihn eine jahrzehntelange Freundschaft.

SCHMIDT | Albert Schmidt hatte einen Laden zum ›Vertrieb v. Stark- und Schwachstrom-Radioartikeln‹. Hier besorgte Hindemith vermutlich Zubehör für die Rundfunk-Versuchsstelle an der Berliner Musikhochschule (siehe Eintrag).

✉ **Reichsstraße 71 in Berlin-Westend**

SCHLEMMER | Oskar Schlemmer (4. September 1888 Stuttgart bis 3. April 1943 Baden-Baden), Maler und Bauhaus-Lehrer. Oskar

Der Elektroladen von Albert Schmidt belieferte auch die Rundfunkversuchsstelle an der Musikhochschule.

Das Ehepaar Schuldt in den 50er Jahren

S

Schlemmer war von 1920 bis 1929 Lehrer am Bauhaus, wo er die Bühnenwerkstatt leitete. 1921 entwarf er die Bühnendekoration für die Uraufführung von zwei der drei Einakter Hindemiths, *Mörder, Hoffnung der Frauen* und *Das Nusch-Nuschi* in Stuttgart. Er entwarf die Figurinen für die Aufführung von Hindemiths *Triadischem Ballett* bei den Donaueschinger Musiktagen 1926 und führte auch Regie. Noch im Wintersemester 1932/33 übernahm Schlemmer eine Professur an den Vereinigten Staatsschulen, der Kunsthochschule in der Hardenbergstraße 33 in Berlin-Charlottenburg. Am sog. ›Boykott-Tag‹, dem 1. April 1933, wurde er dort öffentlich als ›Kulturbolschewist‹ angeprangert und am 7. Mai 1933 entlassen. Er emigrierte in die Schweiz, kehrte 1934 nach Deutschland zurück und arbeitete in einer Lackfabrik. Bei der Übernahme der Lehrtätigkeit in Berlin spielte Hindemith für ihn eine wichtige Rolle, er schreibt am 2. Juni 1932 über seine Berufung an die ›HardenbergkunstHOCHschule‹: ›Ein Glücksfall sondergleichen, durch den hoffentlich die Nazis keinen Strich machen… Denn in Berlin, wo neben der Akademie die Musikhochschule ist, mit Hindemith, mit schöner Bühne und Zuschauerraum! Hei, da muß man doch!‹ Schlemmer plante in Berlin den Aufbau eines Bühnenstudios, in dem bildende Kunst, Architektur, Musik, Schauspiel und Tanz zusammenwirken sollten. Doch wenige Monate später machten die Nazis ›einen Strich hindurch‹.

✉ **Adresse 1932/33: Königsdamm 287 in Berlin-Siemensstadt**

BRIGITTE SCHIFFER-OELSNER | Brigitte Schiffer war seit 1930 Studentin an der Berliner Hochschule für Musik und setzte sich im Zusammenhang mit einem Referat über Rundfunkmusik mit Paul Hindemith in Verbindung. Als sich Hindemith 1932 bei einem Kongreß in Ägypten aufhielt, waren ihre Eltern, die damals in Alexandria lebten, dabei behilflich, das für die Berliner Philharmoniker komponierte *Philharmonische Konzert* nach Berlin zu schicken. Brigitte Schiffer-Ölsner schreibt rückblickend: ›Jedenfalls luden mich dann Hindemiths bei ihrer Rückkehr nach Berlin zu sich ein, mit Sylvia Kind, so weit ich mich erinnern kann, und ein anderes Mal verbrachte ich bei ihnen einen höchst lustigen und animierten Abend mit Robert Lachmann und Curt Sachs, dessen Schülerin ich war. Es ging hoch her, es wurde viel getrunken und viel gelacht.‹

✉ **Paulsborner Straße 3 in Berlin-Halensee**

DR. SCHÄFER | Dr. med Johannes Schäfer war Hals-, Nasen- und Ohrenarzt.

✉ **Berliner Straße 11 in Berlin-Neukölln**

DR. SAMSON | Dr. med Richard Samson war Arzt für Allgemeinmedizin.1939 steht er nicht mehr im Berliner Telefonbuch.

✉ **Burggrafenstraße 4 in Berlin-Tiergarten**

THERESE SCH. | Therese Schnabel (14. September 1876 Stuttgart bis 30. Januar 1959 Sorengo), Opernsängerin, verheiratet mit Artur Schnabel. Sie war eine mütterliche Freundin von Gertrud Hindemith, der sie auch private Gesangsstunden erteilte.

✉ **Adresse nach der Emigration in London: Norfolk Mansions**

SCHUSTER | Joseph Schuster bezeichnete sich als ›Tonkünstler‹. 1939 steht er nicht mehr im Berliner Telefonbuch.

✉ **Xantener Straße 15a in Berlin-Wilmersdorf**

STUCK | Hans Erich Stuck (geboren 27. Dezember 1900 Warschau), Rennfahrer. Stuck studierte zunächst Maschinenbau, ab 1924 startete er als Rennfahrer für Daimler-Benz. Er gehörte zu den Favoriten der ab 1931 auf der ›Automobil-Verkehrs- und Übungsstraße‹ (Avus) in Berlin-Charlottenburg jährlich stattfindenden Autorennen. 1934 erreichte er mit dem von Ferdinand Porsche entwickelten ›P-Wagen‹ der Firma Auto-Union auf der Avus einen Rundenrekord von 245 km/h. Von 1934 bis 1939 war er Deutscher Meister. Er gehörte möglicherweise zu den Stammgästen der ›Westend-Klause‹ (siehe Eintrag) in der Reichsstraße 81. Nach dem Krieg betätigte er sich als Landwirt und Hotelier.

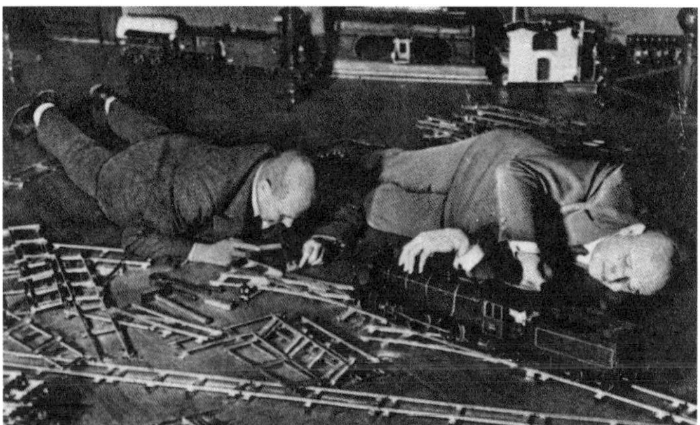

Hindemiths beim Autorennen in Berlin

Beim Spielen mit der ›Märklin‹-Eisenbahn, 1931

✉ **Berliner Straße 139 (heute: Otto-Suhr-Allee) in Berlin-Charlottenburg, Adresse ab 1939: Reichsstraße 6 in Berlin-Westend**

SCHULZ-DORNBURG | Rudolf Schulz-Dornburg (31. März 1891 Würzburg bis 16. August 1949 Gmund/Tegernsee), Dirigent. Er war seit 1925 Generalmusikdirektor in Münster und kam 1927 nach Essen, wo er die Folkwangschule gründete. 1934 wurde er Leiter des Blasorchesters der NS-Flieger, später Chefdirigent des Deutschlandsenders. Unter der angegebenen Telephonnummer war die Opernsängerin Marie Schulz-Dornburg zu erreichen, vermutlich seine Ehefrau.

✉ **Johann-Georg-Straße 20 in Berlin-Halensee**

KULI SCHNABEL | Karl-Ulrich Schnabel (geboren 6. August 1909 Berlin), Pianist. Der Sohn von Artur und Therese Schnabel (siehe Eintrag) studierte von 1922 bis 1928 bei Leonid Kreutzer und Paul Juon an der Musikhochschule. Von 1927 bis 1939 trat er in Europa als Pianist auf. Er löste 1933 die Wohnung seiner Eltern in der Wielandstraße 14 auf. Karl-Ulrich Schnabel erzählt, daß er dort in der leeren Wohnung tagelang zusammen mit Hindemith eine elektrische Spielzeugeisenbahn aufgebaut hatte, die sie gemeinsam nach von Hindemith minutiös ausgearbeiteten Fahrplänen durch sämtliche Zimmer fahren ließen. 1938 emigrierte Schnabel in die USA und unterrichtete an der Dalcroze School of Music in New York. Von 1941 bis 1945 diente er als Soldat der US-Army. Er lebt in New York.

SACHSENPLATZ-GARAGE | Die Sachsenplatz-Garage beherbergte vermutlich Hindemiths Auto und befand sich im Hinterhof des Gebäudes Reichsstraße 38 in Berlin-Westend. Dort gab es auch eine kleine Tankstelle.

CORA SCHRÖDER | Cora Schröder (24. August 1900 Breslau bis 21. Oktober 1997 Berlin), Musikwissenschaftlerin. Cora Schröder studierte in Breslau, München und Jena und schloß sich Ende der 20er

Jahre in Berlin zusammen mit ihrem Mann, dem Komponisten Hanning Schröder (4. Juli 1896 Rostock bis 16. Oktober 1987 Berlin), der Arbeitermusikbewegung an. 1934 wurde sie als ›Halbjüdin‹ aus der Reichsmusikkammer ausgeschlossen, ihr Mann wurde wegen seines linkspolitischen Engagements mehrfach verhaftet. Nach 1945 leitete sie die Musikabteilung der Akademie der Künste in Ost-Berlin, wurde dort jedoch wegen Nicht-Mitgliedschaft in der SED 1959 entlassen.

✉ **Onkel-Tom-Straße 117 in Berlin-Zehlendorf**

SCHMIDT, RUDI | Rudolph Schmidt (geboren 25. Februar 1897 Berlin), Pianist. Schmidt war Lehrer an der Hochschule für Musik in Berlin und wirkte bei Hochschulkonzerten der Rundfunkversuchsstelle mit, bei denen Kompositionen Hindemiths für das ›Trautonium‹ aufgeführt wurden.

✉ **Adresse 1929: Sybelstraße 54; die angegebene Telefonnummer gehört zur Adresse ab 1932: Fasanenstraße 13 in Berlin-Charlottenburg**

SEIDEL | Der Kaufmann Max Seidel war ›Mitinhaber der Fa. Pinnow & Seidel‹.

✉ **Brentanostraße 30 in Berlin-Steglitz**

MARGA SCHÖLLER | Die literarische Buchhandlung von Marga Schoeller (4. Februar 1905 Berlin bis 18. August 1978 Berlin) wurde 1929 als ›Marga Schoellers Bücherstube‹ gegründet. Bis in die 30er Jahre hinein gehörten hier Literaten und Künstler wie Bertolt Brecht, George Grosz, Ilja Ehrenburg und Walter Mehring zum Stammpublikum. Ihr Buchhändlerkollege von der ›Amelang'schen Buchhandlung‹ (siehe Eintrag) erinnert in seinen Memoiren daran, daß sich auch ›Marga Schoellers Bücherstube‹ während der NS-Zeit weigerte, nationalsozialistische Literatur zu verkaufen. Die Buchhandlung besteht noch heute, jedoch seit 1974 an anderem Ort in der Knesebeckstraße 33 in Berlin-Charlottenburg.

✉ **Kurfürstendamm 30 in Berlin-Charlottenburg**

PROF. STEIN | Fritz Stein (17. Dezember 1879 Gerlachsheim bis 14. November 1961 Berlin), Chordirigent. Fritz Stein übernahm 1933 die Direktion der Musikhochschule Berlin; als Referent des Kampfbundes für deutsche Kultur hatte er bereits Ende 1932 die ›Säuberung‹ der Musikhochschule gefordert. Im Sommer 1933 wurde er Mitglied der NSDAP, Ende 1933 wurde er zugleich Leiter der Reichsfachschaft für Chorwesen und Volksmusik in der Reichsmusikkammer. Hindemith korrespondierte mit ihm aus der Türkei und berichtete über seine dortige Tätigkeit. Nach Hindemiths Kündigung an der Musikhochschule bat Stein Furtwängler 1937, sich für ein Verbleiben Hindemiths in Deutschland einzusetzen: ›Die Hochschule verliert damit einen ihrer besten Lehrer von internationalem Ruf.‹

✉ **Adresse 1933: Burggrafenstraße 14, ab 1934: Schloßstraße 56 in Berlin-Charlottenburg**

SCHÖTZE, WILLY | Dr. med. Willy Schötze war Hals-, Nasen-, und Ohrenarzt.

✉ **Kurfürstendamm 22 in Berlin-Charlottenburg**

SCHLENZE

SACHSENPARK-REST. | Damit ist das ›Park-Restaurant‹ gemeint, das sich an der Ecke Reichsstraße/Meiningenallee direkt am Sachsenplatz (heute: Brix-Platz) befand. Das Restaurant gehörte dem Gastwirt J. Bauer. Das Gebäude wurde 1943 zerstört und nach dem Krieg durch eine eingeschossige Ladenzeile ersetzt.

✉ **Reichsstraße 36 in Berlin-Westend**

FRL. STULZMAN AM. CONSULAT | Die Telefonnummer gehört zum Amerikanischen Generalkonsulat.

✉ **Bellevuestraße 8 in Berlin-Tiergarten**

STUCKENSCHM. | (siehe Eintrag) hier mit der Adresse ab 1935: Wittelsbacher Straße 27 in Berlin-Wilmersdorf

Die Wirtsleute Bauer vom ›Sachsenpark-Restaurant‹, das Eckhaus an der Reichsstraße wurde im Krieg 1943 zerstört.

An der Tankstelle, Gertrud Hindemith hat später aus dem Foto ihr Gesicht herausgeschnitten.

SCHÜLER, VANDA | Vanda Schüler wohnte zur Untermiete bei dem Kaufmann F. Froese in der Ebersstraße 3 in Berlin-Schöneberg.

SINGAKADEMIE | Die ›Singakademie zu Berlin‹ wurde am 24. Mai 1791 von Carl Friedrich Fasch gegründet, sie ist die älteste Chorvereinigung Deutschlands. Seit 1827 residierte die Singakademie im Palais am Festungsgraben in Berlin-Mitte. Von 1900 bis 1950 wurde die Singakademie von Georg Schumann (siehe Eintrag) geleitet. Im Gebäude der Singakademie fanden viele Konzerte unter Mitwirkung Hindemiths statt. Im Rahmen des Festkonzertes der Internationalen Gesellschaft für Neue Musik wurde hier 1929 Hindemiths *Trio für Bratsche, Heckelphon und Klavier* op. 47 mit Paul Hindemith, Artur Schnabel und Friedrich Wilhelm Müller erstaufgeführt. Das Gebäude wurde 1943 zerstört, seit 1952 spielt dort das Maxim-Gorki-Theater.

✉ **Am Festungsgraben 2 in Berlin-Mitte**

TIESSEN | Heinz Tiessen (10. April 1887 Königsberg bis 29. November 1971 Berlin), Komponist. Tiessen studierte ab 1905 in Berlin. Er arbeitete als Musikkritiker, Korrepetitor, Kapellmeister und Dirigent und engagierte sich in der Arbeitermusikbewegung. Von 1925 bis 1945 hatte er eine Professur für Tonsatz an der Musikhochschule Berlin inne. Unmittelbar nach dem Skandal um Wilhelm Furtwänglers (siehe Eintrag) öffentliche Stellungnahme und Hindemiths Beurlaubung von seinem Amt als Hochschullehrer schrieb Tiessen am 9. Dezember 1934: ›Lieber Hindemith! Was soll ich Ihnen sagen? […] Wie soll man sich innerlich zurechtfinden, wenn so etwas möglich ist? Es kommt ja oft vor, daß etwas verunglimpft wird, was einem hoch steht; aber so habe ich es noch nie erlebt.‹ In einem Brief an Gertrud Hindemith (1964) erinnerte sich Tiessen an die Situation, ›als Stein ihn fragte, wie er über meine Weiterbeschäftigung an der Hochschule (1934) dächte, und er die kameradschaftlichste, großzügigste aller denkbaren Antworten gab: nicht eine verteidigende, sondern eine sich mit mir identifizierende ›hätten die Kommunisten von mir etwas komponiert haben wollen, hätte ich es auch gemacht.‹‹

✉ **Adresse 1927: Wilhelmshöher Straße 17 in Berlin-Friedenau, ab 1929: Bonner Straße 5 in Berlin-Wilmersdorf**

TRIBÜNE | Das ›Theater Tribüne‹ existiert noch heute als ›Gemeinnütziges Theater Tribüne‹ an gleicher Stelle.

✉ **Berliner Straße 37 (heute: Otto-Suhr-Allee 18) in Berlin-Charlottenburg**

TSCHERNOMORDIK | Marta Tschernomordik, geb. Bud (geboren 3. März 1874 in Berlin) wohnte am Kurfürstendamm 14/15 in Berlin-Charlottenburg. Sie ist dort 1931 auch im ›Jüdischen Adreßbuch von Groß-Berlin‹ verzeichnet. 1939 steht sie noch im Berliner Telefonbuch, jedoch mit anderer Adresse. Sie emigrierte nach La Paz in Bolivien.

✉ **Letzte Adresse in Berlin: Vorbergstraße 1 in Berlin-Schöneberg, Adresse im Exil: Av. Ecuador 802 in La Paz, Bolivien**

TRIER | Walter Trier (25. Juni 1890 Prag bis 8. Juli 1951 Collingwood, Canada), Maler, Zeichner und Buchillustrator. Walter Trier lebte seit 1910 in Berlin und zeichnete Titelblätter für die ›Lustigen Blätter‹, den ›Uhu‹ und die ›Berliner Illustrierte‹. Daneben arbeitete er als Bühnenbildner, unter anderem für Eric Charells Revue ›An Alle‹ (1924). Er war Mitglied der Berliner Sezession. Bis 1938 illustrierte er die Kinderbücher von Erich Kästner. Er emigrierte 1936 nach England und arbeitete bis 1949 als Zeichner für die Zeitschrift ›Liliput‹, zugleich fertigte er antinazistische Karikaturen für den ›Daily Herald Tribune‹ und die ›Picture Post‹. 1947 übersiedelte er nach Kanada und illustrierte von dort aus auch wieder Bücher von Erich Kästner.

✉ **Herwarthstraße 10 in Berlin-Lichterfelde**

THEATER I. D. STRESEMANNSTR. | Das 1907/1908 von dem Berliner Architekten Oskar Kaufmann erbaute ›Theater in der Stresemannstraße‹ wurde in den 20er Jahren von Victor Baranowsky geleitet. Das Gebäude wurde im Krieg nur leicht beschädigt und unmittelbar nach Kriegsende 1945 als ›Hebbel-Theater‹ wieder eröffnet. Es verlor nach dem Mauerbau wegen seiner Grenzlage an Bedeutung und wurde 1978 geschlossen. Seit 1987 besteht es wieder unter dem Namen ›Hebbel-Theater‹.

✉ **Stresemannstraße 29 in Berlin-Kreuzberg**

THIERSE | Richard Thierse war Biochemiker.

✉ **Pankstraße 46 in Berlin-Wedding**

TELEFUNKEN | Unter der angegebenen Rufnummer erreichte man die ›Aufnahme-Abteilung, Sing-Akademie‹. Das Gebäude der Singakademie (siehe Eintrag) zu Berlin wurde offensichtlich wegen seiner guten Akustik von der Telefunken GmbH als Aufnahmestudio genutzt.

✉ **Am Festungsgraben 2 in Berlin-Mitte**

TELEFON GEBÜHREN

SPINDLER | Die ›W. Spindler AG‹ war Berlins größte ›Färberei, Chem. Reinigung und Dampfwäscherei‹ und hatte in der Preußenallee 34 in Berlin-Westend eine Filiale.

TÜRK. INSP. | Als ›Generalinspekteur der türkischen Studenten in Berlin‹ war Cevat Dursunoglu 1935 in Berlin und erhielt die Aufgabe, Experten für den Aufbau des Musiklebens in der Türkei zu finden. Über Wilhelm Furtwängler kam er mit Paul Hindemith an dessen Ferienort in Kontakt: ›Ich sagte ihm, daß ich auf Empfehlung von Furtwängler gekommen sei. Während des lang andauernden Essens erzählte ich ihm im Gespräch von meinem Anliegen, und soweit ich konnte, eröffnete ich ihm die angenehmen Seiten der Arbeit. Hindemith zögerte. Mit Hilfe der Gattin des Meisters, einer äußerst klugen und umsichtigen Frau, willigte er ein, für eine kurze Zeit in die Türkei zu kommen. Dieser Erfolg machte mich sehr glücklich. Ich hatte einen Mann gefunden, wie ich ihn gewollt hatte‹, berichtet Dursunoglu. Zum Zeitpunkt der Türkei-Aufenthalte Hindemiths war der ›Große Cevat‹ in die Türkei zurückgekehrt und hatte das Amt des Präsidenten des Schulaufsichtsrates im Erziehungsministerium übernommen. Er blieb so auch in der Türkei einer der wichtigsten offiziellen Gesprächspartner Hindemiths.

✉ **Tharandter Straße 1–4 in Berlin-Wilmersdorf**

UFA | Unter der Telefonnummer erreichte man den Filmverleih der ›Universum-Film‹ AG (UFA) und die ›UFA Theater-Betriebs GmbH‹. Zu ihr gehörte auch das Lichtspielhaus ›UFA-Palast am Zoo‹ in der Hardenbergstraße 29, in direkter Nachbarschaft der Musikhochschule. Das 1919 eröffnete Kino galt als Filmpremierenkino ersten Ranges. Hier wurde 1927 Fritz Langs Film ›Metropolis‹ uraufgeführt. Als Lehrer für Filmmusik war Hindemith nicht nur Cineast, sondern hatte auch beruflich mit der ›UFA‹ und dem ›UFA-Palast‹ zu tun.

✉ **Kochstraße 6–8 in Berlin-Kreuzberg**

UNION-GARAGE

ULBRICHS, DR. | vermutlich Dr. Franz Ulbrich (2. Januar 1885 Bärenstein bis 6. Dezember 1950 Kassel), Intendant der Staatlichen Schauspielhäuser in Berlin.

✉ **Königsweg 24 in Berlin-Charlottenburg**

UNTERSUCHUNGSGEF. ALT-MOABIT | Die Telefonnummer verweist auf die Haftzeit von Hans Flesch (siehe Eintrag) 1933 im Untersuchungsgefängnis Moabit in der Straße Alt-Moabit 12a. Am 24. Dezember 1933 und am 1. Januar 1934 fanden dort zwei Konzerte ›unter gütiger Mitwirkung der Herren Prof. Hindemith (Bratsche) und H.Winkler (Gesang)‹ für die Inhaftierten statt. Hindemith spielte zwei Solostücke für Bratsche von Max Reger und Johann Sebastian Bach.

✉ **Alt-Moabit 12a in Berlin-Moabit**

Das städtische Virchow-Krankenhaus, 1936. Die denkmalgeschützte Anlage wurde 1988 fast vollständig abgerissen.

VEDDER | Rudolf Vedder leitete 1939 eine Konzertdirektion am Potsdamer Platz 1 in Berlin-Tiergarten. 1939 wohnte er in der Graf-Spee-Straße 25 (heute: Hiroshima-Straße) in Berlin-Tiergarten. Bis zu seiner Entlassung 1935 war Rudolf Vedder stellvertretender Abteilungsleiter für Konzertwesen in der Reichsmusikkammer.

✉ **Adresse der Wohnung hier: Eichenallee 66 in Berlin-Westend**

VIRCHOW-KR. HS. | Das nach Plänen des Berliner Stadtbaurates Ludwig Hoffmann (1852 bis 1932) zusammen mit Rudolf Virchow (1821 bis 1906) konzipierte Städtische Krankenhaus im Wedding wurde 1898–1906 erbaut. Über Jahrzehnte galten die im Barockstil errichteten 57 Pavillons, die um eine großzügige Mittelachse symmetrisch gruppiert waren, als wegweisendes Beispiel des sozialen Krankenhausbaus. Im Zuge der Eingliederung des Krankenhauses in das Universitätsklinikum der Freien Universität Berlin wurden die unter Denkmalschutz stehenden Gebäude 1988 fast vollständig abgerissen. Dort befindet sich heute das Deutsche Herzzentrum Berlin.

✉ **Augustenburger Platz 1 in Berlin-Wedding**

WOLFF & SACHS | Die Konzertdirektion von Hermann Wolff und Jules Sachs wurde 1880 in Berlin gegründet. Nach dem Tode von Hermann Wolff (1902) übernahm Louise Wolff (siehe Eintrag) die Leitung der Konzertdirektion. Sie bemühte sich 1930 vergeblich, Hindemith zu Konzertreisen in die USA zu bewegen: ›Das Konzertschiff im Verein mit einem Wolff-und Sachs'schen hat mir wieder einmal Amerika angeboten. Ich habe nicht sehr gezogen‹, schreibt Hindemith am 23. Oktober 1930 an seine Frau.

✉ **Linkstraße 42 in Berlin-Tiergarten**

WASMUTH | Die ›Ernst-Wasmuth-Verlagsbuchhandlung GmbH‹ war eine renommierte Berliner Kunstbuchhandlung und hatte ihr Geschäft in der Nähe der Hochschule für Musik. Die Buchhandlung ist noch heute mit mehreren Filialen in Berliner Museen vertreten.

✉ **Hardenbergstraße 13 in Berlin-Charlottenburg**

FRL. WEGNER

✉ **Kurfürstenstraße 76 in Berlin-Tiergarten**

WESTEND-KLAUSE | Die Künstlerkneipe ›Westend-Klause‹ wurde 1928 von Walter Franke als ›Spirituosenverkauf mit Zigarren und Rauchwaren‹ eröffnet. Dazu gehörte in einem Hinterzimmer eine kleine ›Weinprobierstube‹. Hier traf sich die Filmprominenz Westends, Henny Porten und Gisela Uhlen wohnten um die Ecke, Paul Hindemith und Joachim Ringelnatz (siehe Eintrag) gehörten zu den Stammgästen. Das Geschäft wurde während des Krieges geschlossen. Nach dem Krieg erweiterten Walter Frankes Bruder Karl Franke und seine Frau Hilde die bisherige Probierstube zu einer Eckkneipe. Das Lokal existiert noch heute am Steubenplatz. Für den Dichter Ringelnatz gibt es dort einen Stammtisch mit Bildern und Dokumenten.

✉ **Reichsstraße 81 in Berlin-Westend**

WALTON | William Walton (29. März 1903 Oldham bis 8. März 1983 Ischia), Komponist. Hindemith spielte am 3. Oktober 1929 in London unter der Leitung des Komponisten die Uraufführung von Waltons *Bratschenkonzert.* 1962/63 komponierte Walton das Orchesterwerk *Variations on a Theme by Hindemith*, das er Hindemith zueignete und aufzuführen bat. Hindemith antwortete am 19. Juli 1963: ›Die ›Variationen‹ sind ein hervorragendes Stück, und je mehr ich es spiele und lese, desto mehr gefällt es mir. Doch da es nun schon ziemlich spät in der Saison ist und da ich keine Ahnung davon hatte, daß etwas kommen sollte, und was und wann, gibt es natürlich keine Möglichkeit, das Werk in die kommende Saison aufzunehmen.‹ Sein Versprechen, das Werk in der darauffolgenden Saison zu dirigieren, konnte er nicht mehr einlösen.

✉ **Carlyle Squ. (Chelsea) S.W.3 in London**

WEINGÄRTNER | Dr. med. Max Weingärtner war Universitätsprofessor und ›Facharzt für Hals- und Nasenkranke‹.

✉ **Lützowufer 2 in Berlin-Tiergarten**

WEISS KUTTI | Dr. Oswald Weiß war Facharzt für Asthma, Nerven- und Frauenleiden und Besitzer eines auf diese Krankheiten spezialisierten Kurhauses. 1939 steht er nur noch als ›Privat‹ im Berliner Telefonbuch. Er hatte einen Sohn Kurt, genannt Kutti, mit dem Hindemith Sport trieb.

✉ **Adresse (Privatwohnung): Schweidnitzer Straße 5 in Berlin-Halensee**

WOLFSTHAL | Olga Wolfsthal war die Frau von Josef Wolfsthal (12. Juni 1899 Wien bis 3. Februar 1931 Berlin), dem früh verstorbenen Mitglied des Trios Wolfsthal-Hindemith-Feuermann. Hindemiths übernahmen für die Halbwaise Susanne die Vormundschaft. Olga Wolfsthal wohnte in der ›Künstlerkolonie‹ der ›Genossenschaft Deutscher Bühnenangehöriger‹. Als ›kulturbolschewistische Hochburg‹ wurde die Wohnsiedlung 1933 von der SA gestürmt. Olga Wolfsthal heiratete nach dem Tod ihres Mannes den Cellisten Benar Heifetz, der von 1922 bis 1939 Mitglied des weltbekannten Kolisch-Quartetts war. Paul Hindemith traf sie 1939 in Santa Monica/Los

Der Leichtathlet Kurt Weiss, mit dem Hindemiths trainierten

Der Geiger Josef Wolfsthal, 1930
Er gehörte bis zu seinem Tode 1931 zum Streichtrio Wolfsthal-Hindemith-Feuermann.

Angeles bei dem auch dorthin emigrierten Komponisten Ernst Toch (1887–1964): ›Und dort trat in Gestalt von Frau Toch und Olga Wolfsthal der Rest des damaligen Berlin auf die Schaubühne. Olga ist als Frau Heifetz dünn geworden und sieht darum manierlicher aus als damals‹, berichtet Hindemith seiner Frau am 27. März 1939.

✉ **Laubenheimer Platz 1 in Berlin-Schmargendorf**

WERTHEIM ANTIQU. | Das Antiquitätengeschäft Wertheim gehörte zu dem jüdischen Kaufhaus-Konzern Wertheim. Im selben Hause und unter gleicher Telefonnummer erreichte man auch die Abteilung ›Wertheim-Kunstversteigerungen‹.

✉ **Bellevuestraße 7 in Berlin-Tiergarten**

WEISSENBORN | Hermann Weissenborn (10. September 1876 Berlin bis 20. November 1959 Berlin), Gesanglehrer. Hermann Weissenborn unterrichtete seit 1920 Gesang an der Musikhochschule. Er blieb dort über die NS-Zeit tätig, wurde 1946 wieder als Lehrer an die neugegründete Musikhochschule berufen und 1956 emeritiert.

✉ **Landshuter Straße 33 in Berlin-Schöneberg**

WOLFF LUISE | Louise Wolff (25. März 185 Brünn bis 25. Juni 1935 Berlin) leitete die ›Konzertdirektion Hermann Wolff und Jules Sachs GmbH‹ (siehe Eintrag). Unter der angegebenen Telefonnummer erreichte man ihre Privatwohnung. Hans Heinz Stuckenschmidt (siehe Eintrag) charakterisiert sie in seinen Memoiren 1979 so: ›Diese ›Königin Louise‹ war eine imposante Figur, ehemals Schauspielerin, später Protektorin zweier Generationen von großen Musikern, in deren Salon man wahrhaft den Hauch der Welt spürte.‹

✉ **Adresse 1929: Rankestraße 13, 1934: Meineckestraße 26, beides in Berlin-Charlottenburg**

WILHELM RUDI | Rudi Wilhelm war vermutlich Hindemiths Fußballtrainer.

✉ **Berliner Straße 75 in Berlin-Hohenschönhausen**

Hindemiths mit ihrer Menagerie, die auch zum Tierarzt Dr. Wessel in Behandlung ging.

WALDORF | Frau L. Waldorf wohnte ab 1934 in der Leibnizstraße 43 in Berlin-Charlottenburg. Sie steht nicht im Telefonbuch, sondern benutzte den Apparat der Sängerin Jeanette Grumbacher de Jong im selben Hause.

WARNECKE | vermutlich Verwandte aus der Familie von Paul Hindemiths Mutter Maria Sophie Warnecke.

✉ **Kurfürstendamm 42 in Berlin-Charlottenburg**

WEBKE

DR. WESSEL | Dr. med. Fredy Wessel war Tierarzt, zu ihm kamen die Hunde der Familie Hindemith.

✉ **Kaiserdamm 6a in Berlin-Charlottenburg**

WACHSCHUTZ | Die Wachgesellschaft ›G. Wachschutz‹ hatte ihr Büro in der Stubenrauchstraße in Berlin-Friedenau.

ZECH DR. | Paul Zech (19. Februar 1881 Briesen bis 7. September 1946 Buenos Aires), Schriftsteller. Zech studierte in Berlin, Heidelberg und Zürich. Er lebte ab 1910 in Berlin und war befreundet mit Else Lasker-Schüler und Stefan Zweig. Von 1925 bis zu seiner Entlassung 1933 war er wissenschaftlicher Mitarbeiter der Staatsbibliothek in Berlin. 1923 oder 1924 setzte sich Hindemith, der auf der Suche nach einem geeigneten Opernlibretto war, mit Zech in Verbindung. Zech sandte ihm eine Ausgabe seines Stücks ›Das trunkene Schiff. Eine szenische Ballade‹ zu und widmete sie ihm ›mit freundlichem Gruß – Paul Zech‹. Hindemith befaßte sich allerdings nicht weiter mit dem Stoff. Zech wurde 1933 inhaftiert, seine Bücher wurden von den Nationalsozialisten verbrannt. Nach seiner Freilassung flüchtete er 1934 über Prag, Paris und Genua 1937 nach Argentinien, wo er in Exilzeitschriften veröffentlichte, so u.a. im ›Pariser Tageblatt‹ und in ›Die Sammlung‹. In Argentinien war er auch als Übersetzer tätig.

✉ **Adresse bis 1933: Königsweg 22 in Berlin-Schöneberg**

ZUCKMAYER | Carl Zuckmayer (27. Dezember 1896 Nackenheim bis 18. Januar 1977 Visp), Schriftsteller und Dramaturg. Nach dem Studium der Philosophie und Literaturgeschichte in Heidelberg übersiedelte Zuckmayer 1920 nach Berlin. Er veröffentlichte in der linkssozialistischen Zeitschrift ›Die Aktion‹ expressionistische Texte und war als Gelegenheitsarbeiter tätig. Ab 1922 am Kieler Stadttheater als Dramaturg, wechselte er 1924 für ein Jahr auf Vermittlung von Bertolt Brecht an das Deutsche Theater Max Reinhardts in Berlin. Zwischen 1926 und 1933 lebte er hauptsächlich in seinem Haus ›Wiesmühle‹ bei Salzburg. 1930 entstand das Drehbuch zum Film ›Der blaue Engel‹. Nach dem ›Anschluß‹ Österreichs emigrierte er in die Schweiz, von dort 1939 in die USA. 1940 war er Lehrer an der von Erwin Piscator geleiteten Theaterabteilung der New School for Social Research in New York, von 1940 bis 1946 betrieb er Landwirtschaft auf seiner Farm in Barnard/Vermont, 1958 kehrte er nach Europa zurück. Mit Hindemith verband ihn, zunächst vermittelt durch seinen Bruder Eduard, eine langjährige lockere Bekanntschaft.

Der Musikwissenschaftler und Musikpädagoge Eduard Zuckmayer (3. August 1890 Nackenheim bis 2. Juli 1970 Ankara) war mit Hindemith seit den frühen 20er Jahren befreundet. Er unterrichtete bis 1936 an reformpädagogisch orientierten Schulen auf Juist und im Odenwald. Nach dem Ausschluß aus der Reichsmusikkammer, der gleichbedeutend mit einem Berufsverbot war, warb ihn Paul Hindemith für eine Tätigkeit in der Türkei: ›Nach der Rückkehr von seinem ersten Türkei-Aufenthalt traf sich Hindemith mit mir in Heppenheim an der Bergstraße. In einem Hotel, das den für diese Begegnung recht passenden Namen ›Zum halben Mond‹ führte, erzählte er mir von seinen Plänen. Seinen Vorschlag, an der Pionierarbeit in der Türkei teilzunehmen, nahm ich mit Freude an‹, erinnerte er sich 1964. Carl Zuckmayer und Hindemith tauschten sich brieflich auch über das Schicksal von Eduard Zuckmayer aus, der 1944/45 als Deutscher in Anatolien interniert war.
Die Verbindung zwischen Zuckmayer und Hindemith gipfelte in der Zusammenarbeit für das Bühnenstück *Mainzer Umzug* (1962), das zur 2000-Jahrfeier der Stadt Mainz in Auftrag gegeben worden war.

✉ **Am Park 18 (heute: Fritz-Elsas-Straße) in Berlin-Schöneberg**

DR. ZIETMANN | Adresse: Schillerstraße 72 in Berlin-Charlottenburg bzw. Laube 6 in der Kolonie ›Neu-Westend‹ am Spandauer Damm

Paul und Gertrud Hindemith
in Donaueschingen

Die Herausgeberinnen danken allen, die zu dieser Veröffentlichung beigetragen haben: Für die finanzielle Unterstützung der Drucklegung danken wir der Paul-Hindemith-Stiftung in Blonay. Die Kulturstiftung der Deutschen Bank hat die Recherchen zu diesem Buch gefördert. Folgende Archive haben uns mit Rat und Tat sowie Dokumenten geholfen: Archiv der Hochschule der Künste Berlin, Landesarchiv Berlin, Landesbildstelle Berlin, Staatsbibliothek Preußischer Kulturbesitz Berlin, Stadtarchiv Frankfurt und die Stiftung Archiv der Akademie der Künste.

Bildnachweis

Alle Abbildungen, soweit nicht gesondert angegeben, stammen aus dem Nachlaß von Gertrud und Paul Hindemith, die Rechte liegen bei der Paul-Hindemith-Stiftung Blonay. Für die Abbildungen auf S. 150, 152, 198, 213, 234, 268 und 290: Landesbildstelle Berlin, Abbildungen auf S. 180 und 184: Stiftung Archiv der Akademie der Künste Berlin, Abbildung S. 173: Landesarchiv Berlin, Abbildung S. 155: Hans Benecke, Hamburg, Abbildungen S. 180 und 284: Klaus Regenbrecht, Berlin, Abbildung Seite 166: Nele Benn, Berlin.